恍然大悟会计丛书

汪一凡 著

原来中国会计就是世界领跑者

管理人贴近会计的透视镜
行外人掌握会计的速成书
专业人超越会计的助推器

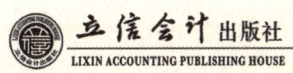

立信会计出版社
LIXIN ACCOUNTING PUBLISHING HOUSE

图书在版编目（CIP）数据

原来中国会计就是世界领跑者 / 汪一凡著. — 上海：立信会计出版社，2011.3
（恍然大悟会计丛书）
ISBN 978-7-5429-2821-4

Ⅰ.①原… Ⅱ.①汪… Ⅲ.①会计学 Ⅳ.F230

中国版本图书馆 CIP 数据核字(2011)第 033844 号

责任编辑　黄成艮
封面设计　周崇文

原来中国会计就是世界领跑者

出版发行	立信会计出版社
地　　址	上海市中山西路 2230 号　邮政编码　200235
电　　话	(021)64411389　　传　　真　(021) 64411325
网　　址	www.lixinaph.com　E-mail　lxaph@sh163.net
网上书店	www.shlx.net　　Tel：(021) 64411071
经　　销	各地新华书店
印　　刷	上海申松立信印刷有限责任公司
开　　本	890 毫米 × 1240 毫米　　1/32
印　　张	4.75　　　　　　　　插　页　1
字　　数	120 千字
版　　次	2011 年 3 月第 1 版
印　　次	2011 年 3 月第 1 次
印　　数	1－3 100
书　　号	ISBN 978-7-5429-2821-4/F
定　　价	18.00 元

如有印订差错，请与本社联系调换

目 录

自序 …………………………………………………… 1
导读 …………………………………………………… 1

第1讲 总论：中国会计向何处去 ………………………… 1
 1.1 引 论 ………………………………………… 3
 1.2 离科学渐行渐远的西方会计 ………………… 5
 1.3 中国的会计文化与核心技术 ………………… 9
 1.4 中国会计高歌猛进的快车道 ………………… 14
 1.5 向全世界推出"左右记账法" ………………… 18

第2讲 问题产品 ERP 剖析 ……………………………… 23
 2.1 一个具体案例的剖析 ………………………… 25
 2.2 为什么不该取消会计的库存明细账 ………… 29
 2.3 用测试业务来发现内控问题 ………………… 35

第3讲 把脉国际会计四大难题 ………………………… 37
 3.1 可治之症：合并财务报表 …………………… 39
 3.2 难辨之症：外币折算 ………………………… 42
 3.3 免治之症：通货膨胀会计 …………………… 43
 3.4 衍生金融工具简说 …………………………… 45
 3.5 不治之症：衍生金融工具会计 ……………… 47

1

3.6 科学方法才是"公认"的会计原则 …………… 50

第4讲 公司集团管理信息化 …………………… 53
  4.1 需要澄清的基本概念 ……………………… 55
  4.2 公司集团管理应独立于母公司管理 ……… 56
  4.3 加强会计基础工作 ………………………… 57
  4.4 基于会计信息的管理 ……………………… 58
  4.5 关联交易简说 ……………………………… 61
  4.6 直接投资的控股合并业务 ………………… 64
  4.7 内部销售商品业务 ………………………… 66
  4.8 内部转让固定资产业务 …………………… 71
  4.9 内部转让无形资产业务 …………………… 73
  4.10 内部借用资金业务 ………………………… 75

第5讲 换代的新会计信息系统 ………………… 77
  5.1 前台业务与后台业务 ……………………… 79
  5.2 财务会计与管理会计 ……………………… 81
  5.3 加工、改制和延伸 ………………………… 83
  5.4 谁更适合充当首席信息官 ………………… 86
  5.5 多维度多通道的会计软件平台 …………… 90
  5.6 定制软件、通用软件与大规模定制软件 …… 91

结束语 ………………………………………………… 95

附录一 历史成本会计模式不可替代 …………… 97

附录二 衍生金融工具的主要类别和用途 ……… 105

附录三 论会计的社会性与技术性 ……………… 121

自 序

学了30年会计,好端端地做着学问,却突然发现自己扮演了"会计版"《皇帝的新衣》里那个小男孩的角色。恍然大悟!这就是作者的离奇感受,希望能与读者分享。

行外人更容易看懂:会计界做错了什么事?

关于2008年发生的世界金融海啸,经济学家和金融学家们都洋洋洒洒地发表了许多见解,但我们最关心的问题——"如何防止金融危机今后再次发生",却从来没有看到有说服力的见解。从会计学者的视角,作者认为要害在于:全世界都用错了评估公司业绩的指标,无良厂商因此有了制造泡沫的机会。改换为正确指标,剥夺其兴风作浪的空间,才是根除世界金融危机的唯一正解。

为了说明用错指标的后果,我们以同样发生在2008年的"中国毒奶粉事件"作为引例。此案中有个关键词"三聚氰胺",它通常是用作涂料的,为什么会和"八竿子也打不着"的奶粉攀上关系呢?原因在于,食品有个很重要的指标"蛋白质含量"。当前测定奶粉蛋白质含量的方法有缺陷,要通过另一指标"含氮量"来间接推算,如果含氮量高,就认为其蛋白质含量也高。三聚氰胺全然不含蛋白质,含氮量却高达66%,长得也很像奶粉,因此被无良厂商加进牛奶中,以便提高"推算"的蛋白质含

原来中国会计就是世界领跑者

量。事发后曾见报载,科技部向社会公开征集快速检测三聚氰胺的技术,实属治标不治本之举,天底下含氮而不含蛋白质的化合物还有多少？真是防不胜防。可见,更应该征集的,是无需靠含氮量推算就能给出"蛋白质含量"的技术！有了这种技术手段,就不关三聚氰胺什么事了。"原型指标"和"替代指标"倒置的结果,是斩草不除根,问题奶粉果然风波又起,没完没了。

世界金融危机是从会计报表而起的,在会计上也有用错了公司业绩指标的问题,不过这问题隐蔽得更深些,需要从头说起,先要确立"赚钱"的信念。

商业活动的目标是什么？是赚钱。什么叫赚钱？把公司看作一个"现金池",过了一年,刨去股东投资和债权人贷款的当年变化额后,现金比原来更多,那就是本年赚到钱了。它可能"溢出"现金池,作为股利或利息发放了；也可能"富余",留在公司而尚未分派,两者可合称为"溢余现金"；反之,如果现金比原来更少,那就是本年度公司还在"烧钱",也许实物资产是增加了,但投资总是为了赚钱,在"落袋为安"以前,还会有难以预测的风险,只要还没有变现就不能算数。更何况,谁也否认不了"今年没有赚出钱来"的事实。所以,"赚钱"是不容置疑的常识,是极其简明的公司业绩评价指标,不是吗？

很不幸,从各类现金流入和现金流出中,如何分离并计算"赚到多少钱",在过去可能是个技术难题。所以,现代人看到的,是会计界闭口不谈公司"赚到了多少钱",而是用"净利润"来计量公司业绩。但"净利润"是凭空虚构的指标,在现实世界中没有对应物,甚至不能定义,只能说是"收入－费用"的差额。换句话说,它是"真金白银"的"山寨版",却在现实生活中"鸠占鹊巢",只有它才代表公司"赚到的钱",对不对都是它了。"赚钱"指标一旦"被替身",和问题奶粉案例类似,无良厂商也可以利用替身指标兴风作浪,这就是祸根之所在。

自 序

美国的创新金融产品剖析

与中国的上市公司一样,美国的上市公司也需要不断地报告更好的业绩,以便鼓舞人心。净利润作为当前唯一的公司业绩指标,却"什么也不是",恰好像个什么都可以往里装的大筐,找个由头就可以算是利润了。以下我们便逐步揭示,如何轻易地"做大"公司业绩:

(1) 在"净利润"的计算上,有个可疑的做法:"只要交付了实物,还没收到钱也算收入",利用这一点,无良厂商只要设立几家当"托儿"的公司,其使命是"千年不赖账,万年不还钱"。将实物交付给"托儿"后,应收账款增加了,收入也增加了。这样的收入要多少有多少,从而,利润也是要多少有多少。类似的手法还有,公司集团的关联企业们互为"托儿",内部倒买倒卖,货物从没离开,看账上,却是从子公司到母公司都集体"致富",这是"做大业绩"的最传统方法了。

(2) 工商业可以这么做,金融业没实物可卖,怎么做大业绩?可以设法"创新"。令人仰视的数学家和金融家就出场了,他们设计了由各种金融机构(如商业银行、投资银行和保险公司等)参与的一系列令人眼花缭乱的安排,美其名曰"创新金融工具",或叫"金融产品",这样也就有东西可卖了。

(3) 从金融产品上赚不到多少钱,或金融产品卖得不够理想,而每年报告业绩增长的压力又很大,怎么办?如果能做到"还没卖出去也算赚到",那就更理想了。但是,会计上有个"历史成本"原则是:原来花了多少钱,先记录在账上,卖了收回来多少钱要和它比较,多出来的才算赚到。想实现"还没有卖出去也算赚到",过不了历史成本这一关。

(4) 1990 年 9 月 10 日,时任美国证券交易委员会(SEC)主席 Richard C. Breeden 的证词指出:"金融机构从事金融工具的买卖,它们都有一个根据当前市场情况进行价值计量的问题。其资产应该按当前市价而不应按历史成本入账。"(汪建熙译)这就动摇了历史成本原则,让会计造假者看到了一线曙光。

(5) 美国财务会计准则委员会(FASB)更进一步,在会计上提出"公允价值收益":金融产品按当前市价入账,期末市价对比期初市价若有变化,其差额就是"公允价值收益",是净利润的一个新成分。但是,没卖出去的东西"市价"是多少,谁能说得清楚?无良厂商得以随意地决定金融产品的市价,从而随意地报告净利润。

(6) 无论真实的动机是什么,美国证券交易委员会(SEC)和财务会计准则委员会(FASB)联手配合,已经为上市公司业绩造假打开了通道。回到上文的引例来对照着理解,"净利润"貌似"含氮量"指标,公司有了"净利润",人们误以为就是"赚钱"了;"公允价值收益"则貌似"三聚氰胺",它的"现金含量"为零,"利润含量"却是百分之百,让人误以为公司很能"赚钱"。

次贷危机是怎样发生的

完成了对这个"系统工程"的描述后,我们接着以最早出事的"两房"(房地美、房利美)次贷危机为例,说明无良厂商可以怎样利用这个有破绽的业绩指标,最终又是如何酿成大祸的:

(1) 发放房屋贷款需要债务人有偿债能力,因此要通过严格的信用评估。

(2) 只向信用良好的债务人发放贷款,数量不足以支持公司业绩报告"天天向上"的要求。

(3) 设法找到低收入者或无家可归者,条件很宽松地借钱给他们。这种情况下,谁不干才是傻瓜,贷款发放数量就不成问题了。

(4) 既是"退而求其次",偿债能力肯定有问题,"次级信用贷款"也就产生了。

(5) 这当然是"脑子进水"后的决策,谁愿意放贷,那是他们家的事,别人管不了。

（6）但是,通过创新金融工具的安排,他们可以"债权证券化",把它转卖到全世界,这是标准的嫁祸于人,演变成"谁买了,谁才是真的脑子进水"。另外,卖不出去的也算是"公允价值收益",公司的业绩报告当然好看。

（7）无良商家的假设是,如果房价一直上涨,这些次级信用的债务人最后卖掉房子,总是能够还债的。持续报告优异业绩的压力,使他们顾不上这样的后果,即一旦出现拐点,房价掉头向下,靠"公允价值收益"支撑的利润立刻反正为负,掉得更快。而房价确实下跌了,于是泡沫破裂,市场信心随之大降,连锁反应的结果是世界金融海啸的总爆发。

可见,"有没有赚到现金"是无法做假的,其核算难题借助于现代信息技术也已经解决。所以,评价上市公司业绩,先看"赚不赚钱",才是对金融危机"斩草除根"的不二法门。

开启中国会计的"造经时代"

从整体上看,这是个设计完美的骗局,在其中又能观察到美国证券交易委员会(SEC)和美国财务会计准则委员会(FASB)所起的助推作用。那么,世界金融海啸是不是美国从全世界骗钱的"国家阴谋"呢？作者认为可以排除,理由如下：

（1）"真金白银"的公司业绩指标"被替身"的错误,虽然也是在美国会计模式主导下发生的,但这场会计版《皇帝的新衣》毕竟已经演绎了近百年,并非自今日始。

（2）公允价值收益推出后,早在2001年就有安然和世通等因公司业绩造假相继出事,从当时波及的主要还是美国国内来判断,应当没有人会拿新式武器先在自家厅堂里试爆的。

（3）此次危机,美国人民也付出了极大代价,除了经济损失外,更在于"国家品牌"价值大缩水。在我们心目中,端坐于神坛

原来中国会计就是世界领跑者

上的格林斯潘居然承认错了;传说中能"制约腐败"的社会,居然也冒出纳斯达克前总裁是"庞氏骗局"诈骗犯;代表"世界顶级"管理水平的"百年老店"居然也会一家接一家地倒掉;多少号称"自由"的金融机构居然一夜之间被政府接管;……全世界人民则不得不为此"埋单",由于盲目信赖美国金融界而承受了重大损失。

不过,这也让我们想起,世界会计史界曾有世界会计中心在不断转移的论点,颇可令人玩味:"日本学者从会计通史的角度,提出了'会计世界一周论',认为不同的国家在不同的时期对会计发展作出了不同的贡献;14～15世纪为意大利;17世纪为荷兰;19世纪为英国;20世纪为美国和德国。"([荷兰]海渥著:《会计史》"译者前言",中国商业出版社1991年9月)

日语中的"一周",有"循环"或"风水轮流转"之意。通观美国会计思想史,就是一部无休止的政治斗争史,会计发展的基调是重政治平衡更甚于专业理性,而向来"玩政治"是情商比智商更重要些的,所以美国会计模式存在着忽视科学性和技术性的倾向。"公允价值收益"就是美国财务会计准则委员会(FASB)为服从强势利益集团而作的"命题作文",不惜颠覆会计的底线"历史成本",实属一大败笔。在美国模式引领下,全球会计界近百年来所犯的一些错误,都是在路径选择上的方向性错误,甚至是错上加错。所谓"南辕北辙",一旦方向错了,跑得越快,结果就越惨,会计领域充满似是而非的"艺术化"风气。企业合并与合并报表领域也是重灾区,坦率地说已经达到"不说人话"的地步,真是乱象丛生,每况愈下。正所谓"物极必反",终于酿成大祸,捅出世界金融海啸的大娄子。很明显,美国已经失去作为"带头大哥"的制高点,世界会计中心该"花落谁家",哪个国家会成为新的"领头羊",已经是令人瞩目的问题了。

以1905年蔡锡勇《连环帐谱》出版和大清银行派员赴日学习为标志,意味着中国会计人当了100多年的"老学徒",梦醒时分,

自　序

回首一望,才发现有很多东西,"洋师傅"自己也没想清楚,实事求是地说,我们费力从西方取来的,并不完全是"真经"。中国会计人,应该开启自己"造经"的时代了!

我的会计学术生涯

1980年5～10月,在福建省建材系统"财会干部培训班"里,我从学习"增减记账法"入门会计。结业后调到财务科,开始了自己的会计职业生涯。

1984年8月,以"同等学力"资格考取厦门大学会计硕士研究生,有机会聆听葛家澍、余绪缨和常勋等先生的亲自教诲,业遂大进。由于是从初中二年级正式学历直接跳到硕士生阶段,中间有8年的教育空白期,有幸成为经历考试次数极少、受应试教育"摧残"程度最低者,得以保留原创的"野性"。1987年,研究生毕业后留校任教。

1992年起,致力于从自动数据处理的角度研究会计基础理论,后来又扩展到管理信息系统"数据逻辑模型"的独特研究,探讨如何深度利用电子计算机,如何让其完成似乎不可思议的任务。研究过程也是不可思议的漫长,其间有整整9年未发表过论文,2006年7月,以撰写《会计信息化丛书》作为研究完成的标志,这是独一无二、极其厚重的个人学术储备。

为避免象牙塔"空对空"式研究的通病,本着"高起点理论构建"和"高精度系统开发"平行推进、相互启发的思路,始创了桃李软件作为实践基地,在软件开发方面也颇具特色。自称其为"空对地"式的研究:既有学术理论高度,又能解决实际问题。

2006年后,从会计的"理工科"转向"文科",钻进故纸堆中研究中国近现代会计史,用心去聆听曾祖父辈、祖父辈的会计学者"讲那过去的故事",已浏览了目前所能找到的史料,在通读的基础上,近来作了整体的思考,更对中国近现代会计思想有了深刻的

原来中国会计就是世界领跑者

印象。

2009年10月,在中国财政经济出版社出版专著《改良现代会计方案:科学化的探索》,点明会计界长期以来把大量资源用于研究"替身"指标——净利润,是个历史性遗憾。以毛泽东及其特型演员(例如古月)来做比喻,几句话就能点明这个历史误会:"古月就是古月,长得再像,再精心地为他化妆,他永远也不是毛泽东!"

借易中天先生名言,"浇心中块垒":悲剧啊!

考虑到历史不可能重新来过,"存在的就是合理的",更考虑到众多会计人员还只能依赖应计制会计谋生,作者提出亦此亦彼的"双轨制会计模式",即保留以"净利润"为核心指标的传统应计制会计,不作任何变动;但推出以"溢余现金"为核心指标的新兴现金流会计,这一设想可以集中表达为"双轨制会计示意图"如下:

传统的应计制会计 (净利润:艺术化的替身指标)	④ 新兴的现金流会计 (溢余现金:科学化的原型指标)	
合并利润表、合并资产负债表	合并现金流量表→合并溢余现金表	
↑③ 公司集团会计学及其计算机实现 ↑		
利润表、资产负债表	现金流量表→溢余现金表	
	② 现金流量表 精确编制原理及其计算机实现 (汪一张等式验证)	
↑	主表编制新方法 (查表统计现金异向账户 对应的现金流类别)	附表编制新方法 (汪一张等式 及其算法)
会计记账凭证 →	以复合金额表达的记账凭证	
① 中国流复式簿记方案 ↗		

双轨制会计示意图

自 序

左栏表明传统应计制会计的内容,即从记账凭证开始,编制出资产负债表和利润表的过程。这一体系演变到目前为止,可说是"百病缠身"。最底层的复式簿记就有两大缺陷:一是被外行的ERP设计者取消会计库存明细账,从此失去资产保护功能。二是"借/贷"符号不知所云,借贷法教学迂腐低效;在公司集团层面上,传统"合并报表理论与方法"已达到"不说人话"之境界;最高点的"净利润"又被揭露是个毫无意义的"替身指标";最后的结果已如上述,由于"公允价值损益"颠覆"历史成本"底线,直接引发金融海啸。

中部到右栏的黑体字部分是作者所构建的体系,展现了中国"会计技术学派"原创性的硬成果。按照从①~④的顺序,根据中国流复式簿记方案,首先可望修复以上两大缺陷;其次将记账凭证转换为"以复合金额表达的记账凭证",便于编制现金流量表;然后根据现金流量表的精确编制原理,通过分析记账凭证,独立地得到主表和附表,并经"汪一张等式"(附表编制的理论基础)验证,就可以得到现金流量表;将现金流量表主表另作编排,转化为溢余现金表;根据公司集团会计学原理,利用导入的各成员公司记账凭证备份数据,形成公司集团自己的账套,准确地编出合并资产负债表、合并利润表和合并现金流量表,足可令传统合并方法无疾而终;将合并现金流量表主表另作编排,又转化为合并溢余现金表;这样,在单家公司或公司集团层面上都有"科学化的原型指标——溢余现金",形成完整的"新兴的现金流会计"。可以预见,会计版图的扩大,将使会计补上"科学化"的一课,全方位地快速发展。

科学化要求"唯一性"和"精密性"

一般而论,科学研究成果能够成立的基本判断条件是"再现"。也就是说,别人根据你的方法去"按谱炒菜",也应当得到相同的唯一结果,否则就有疑问。许多伪造实验数据的"成果"就是由于过

原来中国会计就是世界领跑者

不了这一关而被揭露出来的。

这一标准用于会计领域,用行话说就是"谁来做账,都能得到相同的结果"。在应计制下,100个会计师独立编制同一企业的利润表,会得到101个结果(多出来的一份是CPA的),注定无可救药地达不到这一要求,只有现金流会计有望满足这一科学标准。但是,在思想方法上,一定要彻底摆脱"多项选择"思维方式,坚持"你是我的唯一",鲜明地表达概念,明确说明需要什么数据,如何得到这些数据。

"多项选择"是会计界在应计制下形成的根深蒂固的不良习惯,那就是容忍多种方法、多种结果并存,似乎都有道理,也都没道理,谁也说服不了谁。以Michael C. Jensen(1986)提出的"自由现金流量"为例,尽管同样是注重现金,却因为初始的定义就含糊其辞,又被其他学者接手过去自由发挥,成为多种定义、多种算法,至今无人知道它究竟是何物。在合并报表领域,也随处可见"公说公有理,婆说婆有理"式的无聊论争,永无休止。既然能容忍多项选择并存,会计实务中也就形成"粗放耕作"的风气,试举两例:

其一,有些上市公司无视会计准则的要求,在现金流量表中,只提交主表,不提交按"间接法"表达的"经营活动产生的现金流量净额";或虽提交了,对"其他"项目的构成,信口开河地说明。

其二,传统上,会计金额是以精确到"小数点后两位数"的方式来表达的。尽管换用不同方法(例如不同的折旧模型)可能会有几百几千元的差异,采用这样的表达方式,总会让人觉得这是一笔一笔算出来的。可是,有些上市公司的财务报表居然是以百万元为单位来表达的,例如 987 000 000.00 元。明眼人一看就知道这是"人工捏造的",因为让计算机把百万元以下抹成零,再自动把全套报表做平,以符合表内、表间的勾稽关系,那是很困难的。从会计监管的角度,这已经切断了正常的审计线索,是完全不能容忍的(提请财务总监们注意,回到课堂上让老师打分,这样的作业肯定不及格)。

因此，科学"再现"的基本标准，就是"从一而终"，只能有一种清晰的说法，一个"以不变应万变"的核算结果，才能服人，而精密性是会计向精密科学发展的必要条件。只要是科学，便有舍我其谁、唯我独尊的霸气，便有随机游走的扩散力，便有摧枯拉朽的爆发力，是不能等闲视之的。

写作《恍然大悟会计丛书》之缘起

2010年3月，网名"账房先生"的读者在我博客上留言：

  汪教授：你的大作《会计信息系统原论》中关于现金流量表的精确编制原理专题，对于间接法编表的原理解释（特别是有关附表项目中的"其他"的阐述，实在太精彩了）终于解决了我多年的关于"精确"的困惑，仿如醍醐灌顶，实在令我痛快淋漓，快哉！快哉！期盼汪教授快出好书、多出好书。谢谢。

这更使我感到学术界与实务界充分沟通的重要性，会计只是一门应用学科，学术成果不是用来束之高阁、自娱自乐的，更应该"发表"在会计实务中，"发表"在市场上。《改良现代方案：科学化的探索》还只是"理想"，使"理想照进现实"，转化为原动力，推动会计实务发展才是更重要的。由于会计离科学越来越远，长期以来，积压了许多悬而未决的专业技术问题，深受其害的是需要面对具体业务的会计实务界，他们无所适从，没有人告诉他们该怎么做才好。因此，当立信会计出版社窦瀚修社长和黄成良编辑到厦门大学来，很有远见地希望能将自己的创新会计思想转化为"深入浅出"、具有实用价值的会计丛书，以服务于广大读者时，双方可以说是"一拍即合"，当场就把丛书策划确定下来了。《恍然大悟会计丛书》拟围绕"双轨制会计示意图"的成果，分专题展开，即：

  《原来会计可以这么学》

  《原来会计可以这么用》

  《会计那些事儿》

原来中国会计就是世界领跑者

《原来中国会计就是世界的领跑者》

读者请不要被这篇《自序》的"气势"吓坏了,以为又是象牙塔里"空对空"的高头讲章,这套丛书是作者"空对地"研究中能"落地生根"的那部分,是有30年职业生涯的"老会计"开出的药方,意在治愈会计实务中的疑难杂症,平平淡淡才是真,希望能对读者,特别是实务界的读者有实质性的启发作用。为更有效地传播,作者已在考虑开办师资研修班,欢迎有兴趣的老师们咨询预约。

感谢读者对本丛书的关注,任何疑问、评论和建议,请联系作者:

邮编:361005
地址:福建省厦门市　厦门大学管理学院会计系
电话:0592-2184616
电子邮箱:wangyf@public.xm.fj.cn

汪一凡
2011年3月

导　读

在辛亥革命 100 周年之际,回首近现代会计史,会发现一个很奇怪的现象,那就是在会计这个只用到算术四则运算的行当里,居然有人越学越觉得糊涂,100 年还不愿意出师的中国"徒弟",从常识来判断,肯定是在哪里出了问题!

笔者认为根源在于:我们在"知己知彼"的认知上存在严重偏差,一直误以为西方会计模式是"科学先进"的,中国会计模式则"一无是处",自己看不起自己,以至于失去最基本的质疑能力,永远只想着"取经"和"引进",不敢想象自己可以、更应该"造经"。起源于我们自己心目中的这种认知偏差,后果极其严重,人多的大脑用在"跪着思考"上,缺乏批判和创新精神,听任打着"科学先进"幌子的学术垃圾和忽悠大法到处泛滥、任意扭曲会计,不但花费了巨大代价为其埋单,出问题了还常要自我检讨,以为凡是"国际惯例",必是"科学先进"的,这种"被人卖了还帮着数钱"、毫无尊严的憋屈日子该终结了!

本书是《恍然大悟会计丛书》的收官之作,从科学的本质是"再现",用会计行话即"谁来做账都能得到相同结果"出发进行分析,指出以美国为"带头大哥"的西方会计模式离科学渐行渐远,中国依托"现金导向"的会计文化传统和自己的原创性核心技术,则可以在"会计信息化"的快车道上高歌猛进,构建科学的会计大厦,成为世界领跑者。在技高一筹后,再以真正科学先进的中国会计模式"兼济天下",展现大国风范。

原来中国会计就是世界领跑者

笔者的专著《改良现代会计方案：科学化的探索》出版以后，颇有反响，不断有读者问起："未来的会计模式将是怎样的？"实际上，正因为笔者自知无法回答这个问题，才设计了"双轨制会计结构"，既新增了现金流会计的内容，又能"向下兼容"应计制会计，让"赚钱的本尊"与"净利润替身"同台竞技，真实与幻想齐飞，"婉约派"与"豪放派"共舞，以静观其变。历史积淀已久的谬误需要时间来消除，这应是一个随机游走的过程，我们只知道优劣自有公论，"本尊"必胜，却无法精确预测其走势和最后形成的格局。总之，经过各种力量博弈，"本尊"重返主流地位，相应的配套措施（如利益分配、税收依据、公司价值评估等）也逐步完善起来，这就是让会计回归科学的大趋势。

要强调的是，信息化可以促使这个过程加速实现，因为计算机系统能够不走样地快速复制和传播人类智慧，把令人信服的科学直接送到用户面前。本书是"会计信息化"纲领性的施工蓝图，第1讲是总论，其后的各讲则按总论的线索顺序展开，补充本丛书前3本书尚未深入论及的细节性内容：

第1讲"总论：中国会计向何处去"使读者可以先感知全球会计界存在什么问题，将发生什么重大变化，中国会计通过信息化之路，将扮演什么角色。

第2讲"问题产品ERP剖析"从具体案例和理论分析两方面，揭示ERP如何阉割复式簿记保护资产的传统功能，并提供一组测试业务，有助于读者明白其问题所在，呼吁"还我会计库存明细账"。

第3讲"把脉国际会计四大难题"表明中国会计既是作为领跑者，必须占据制高点，直面这些传统难题，更要提出自己的建设性方案，充分展示过人之处。借用"把脉"一词，强调应用了中国的"辨症施治"之道，本讲作出的评论和结论可谓"辣评"，颇具颠覆性。

第4讲"公司集团管理信息化"指明公司集团管理不同于母公

导 读

司管理,而是基于会计信息的管理,所以要有自己的会计系统。鉴于建账的核心问题是消除关联交易,本讲介绍了判断与消除关联交易及其后续影响的基本原理,并给出一些代表性业务的处理。

第5讲"换代的新会计信息系统"表明,由于原型指标"溢余现金"的出现,管理会计与财务会计得以改变"两张皮"的状态,确立了共同的价值观,已经具备一体化运行的可能性,为管理会计充分介入常态管理,提供了坚实的基础。在换代的新会计信息系统中,"财务预算"与"财务决算"将联袂而行,通过金额形式"上管天,下管地,中间管人、财、物",其气势之宏大,与传统设计下的"边缘化生存"已不可同日而语,成为管理层最顺手的调控工具。

所有这些内容,有助于读者深化理解:**原来中国会计就是世界领跑者!**

第1讲
总论：中国会计向何处去

2011年10月10日,将迎来辛亥革命100周年纪念日。百年前的这一天,是中国近代史上极其重要的一个时点,回眸这百年历程,为的是更好地展望未来。

第1讲 总论：中国会计向何处去

1.1 引 论

早在19世纪后半叶,由于西方列强的坚船利炮,国人尝到"落后就要挨打"的滋味,被迫开始了"西学东渐"的变革。不过,这是一个漫长的学习进程,直到辛亥革命前夜,除了伍联德(星联)之外,对世界学术作出重要贡献的中国人似乎还不多见。伍联德是英国剑桥的医学博士,1910年,东北爆发鼠疫,他受命担任大清的全权总医官。此前世界医学界所知的鼠疫是"腺鼠疫",只能通过老鼠来传播疫情,他首次发现这一次有所不同,疾病可通过呼吸道在人类之间直接传染,因此定名为"肺鼠疫",并采用将病人严格隔离开来的办法,结果在不到4个月内,就彻底消灭了这场百年不遇的烈性传染病,得到世界医学界的高度认可,1911年的世界(时称"万国")医学大会也因此是在中国召开的。梁启超作这样的评价："科学输入垂五十年,国中能以学者资格与世界相见者,伍星联博士一人而已"。近百年后的2003年,"非典"防疫所采用的隔离方法,也不过是当年方法的翻版而已(参见王哲:《国士无双伍联德》,福建教育出版社2007年3月)。

但是,这里所说的,主要是自然科学(或"理工科")的情况。中国在这一领域实在落后得太多,被"无限放大"后,摧毁了国人的自信心,误以为我们在所有领域都是落后的、不值一提的,以至于放弃了自己原有的一切成果,"全盘西化"。凡是中国固有的,大抵被"妖魔化",弃之如敝屣;凡是西洋来的,肯定都是好东西,视之如珍宝。其结果是大大扭曲了国人的思想观念。例如,今人一听"八股文"就会摇头,实际上却少有人知道什么是八股文,少有人知道它在测验应试者的智商和创意上所起的妙用,少有人知道"八股取士"远比科举晚期的"策论取士"结果更可靠,也少有人知道西方文官制度直接受益于中国的科举制度,这都是当年"妖魔化"的后果。

原来中国会计就是世界领跑者

于今更甚,100年来的潜移默化,使当代中国人已经形成在前人和洋人面前都"抬不起头"的心态。一提起前人,就是当年"大师如云",今人如何不行;一提起洋人,就是西方有多先进,我们如何落后云云。

其实,每代人有每代人的环境和活法,蔡元培时代的北京大学只有500人,现在的北大校长管多少人?未必就差到全然不可比。今人的毛病,前人其实也未能免俗,蔡元培为聘请陈独秀当文科学长,也曾信口编造陈的留学与任职履历,陈独秀居然也是北京八大胡同的常客,只是"距离产生美",现代人淡忘了而已。至于当年为什么"大师如云",一位文史专家认为,可能有两个因素交织在一起,一是从清朝到民国的观念剧变,二是西方思想的大举引入,直接结果是整个社会"礼崩乐坏",百废待兴,各项事业都处于"占山为王"的草创时期,谁先进入这一领域,只要做出在方向、方法上没有大错的成果,当然都是奠基性的,都是"大师",后来者肯定绕不过去,只能在此基础上推进了。所以,只是当时机会多,现在机会少而已,随着社会文化变迁和科技发展,新的领域也会不断出现,今人也不是就全无机会了。

盲目崇洋会使我们连质疑的勇气都没有,学术界一旦有此心态,就只能唯唯诺诺地"跪着思考",一窝蜂似地争相介绍和吹捧国外成果,跟在后面做些顺水推舟式的小研究,毫无分量,谈何原始创新性!蔡元培先生主张"兼容并包,思想自由",在他主持下的北大,"长袍马褂"者和"西装革履"者为伍,互为同事,其实恰恰说明他"学术平等"的开放思想,他自己是前清进士,当然知道科举功名的含金量毫不逊色于西洋学位,此种现象自在情理之中。可惜,这些年下来,我们已经和当年大不相同,自降身份,逢洋必学,以至于缺乏最基本的判断能力,连"学术垃圾"也一起引进了。2008年世界金融危机爆发后,看到报载,居然还有人请美国经济学家来中国传授"过冬经验",这些人怎么就没想到,这个"冬天"正是从美国扩散出来的!

第1讲 总论：中国会计向何处去

百年之后，连八股文都应该重作评价了，何况其他？笔者认为，在倚重思想传承的社会科学领域，西方"全面先进、遥遥领先"只是个假象，反而存在某些有待质疑的重大方向性问题。例如，对于2008年世界金融危机，以玩弄数学模型为荣的经济学界集体失语，在"提出预警"上交了白卷，其"全行业价值何在"就是值得反思的问题；与此同时，中国也不是落后到"无可救药"的地步，反而还有不少可圈可点的领先成果。例如，中国改革开放的成果，是在西方经济学家少有参与的情况下取得的，"中国模式"也是很值得注意的现象。

受笔者的学识范围所限，本讲仅以会计作为分析的样本，开宗明义地表达两层意思，一曰西方会计模式并非完美无缺，有太多的不堪一击之处，甚至可以说，它根本算不上是科学；二曰中国借助于在自有会计文化传统上的原创性成果，可以从总体上解决这些问题。

1.2 离科学渐行渐远的西方会计

对于会计的发展，"日本学者从会计通史的角度，提出了'会计世界一周论'，认为不同的国家在不同的时期对会计发展做出了不同的贡献；14世纪至15世纪为意大利；17世纪为荷兰；19世纪为英国；20世纪为美国和德国。"（[荷兰]海渥著：《会计史》"译者前言"，中国商业出版社1991年9月）由于国人识英语者远比识德语者为多，20世纪实际上是美国会计模式对中国产生重要影响的时期。可惜，美国会计在这百年中，除了确立现金流量表的地位和创立现代管理会计这两大亮点以外，在财务会计方面，正如下文所要历数的，既犯了"无意识的错误"，也犯了"有意识的错误"和"无知的错误"，以其为代表的西方会计模式不但没有先进性可言，反而呈现出"去科学化"的发展趋势，每况愈下，处于"趋同"过程中的中

原来中国会计就是世界领跑者

国会计也因而深受其害。

第一个重大错误是采用了"应计制"这样的会计计量基础。办公司当然是为了赚钱,就一个足够长的期间(例如 1 年)来看,只要经过生产经营,收到的钱多于付出的钱,本期就是赚钱了,这就是"现金收付实现制"的思路:收到就是收到了,付出就是付出了,一点也假不得,堪称科学的方法。不过,当公司与股东或债权人同期也有现金往来时,要从中分离并计算出"赚到多少钱",可能是个技术难题。因此,在 20 世纪上半叶就产生了"应计制",在确认当期的收入和费用时,有意漠视实际的现金收付,另立主观判断标准,"收入减费用"后的差额叫"净利润",作为表明公司"赚钱与否"的替代指标,以此来回避"去年公司赚了多少钱"这类简单直白而又回答不了的问题。然而,科学强调的是"再现",用会计的行话就是"谁来做账,都能得到同样的结果"。由于应计制加进了主观判断,对同一家公司的业务,100 位会计师独立地做账,连同 CPA 的审计结果在内,会得到 101 套财务报表!会计从此成了"非科学"的行当,真心实意地想让"净利润"看起来不像扯淡的人们,和蓄意利用"净利润"来扯淡以谋取利益的人们,提出各类扯淡的和不扯淡的会计准则,陷入永无休止的无聊论争。可见,围绕"应计制"所作的研究,哪怕再显得"高深",也没有资格号称"科学研究"。这应属于因解决不了技术难题而"无意识"地犯下的错误。

第二个重大错误是引入"公允价值"概念。会计的"历史成本"原则是:原来花了多少钱,先记录在账上,销售以后要和它比较,多出来的才算赚到。然而,1990 年 9 月 10 日,时任美国证券交易委员会(SEC)主席 Richard C. Breeden 的证词指出:"金融机构从事金融工具的买卖,它们都有一个根据当前市场情况进行价值计量的问题。其资产应该按当前市价而不应按历史成本入账。"(汪建熙译)随后,美国财务会计准则委员会(FASB)为完成命题作文,更进一步提出"公允价值收益":交易性金融资产按当前市价入账,期末市价对比期初市价若有变化,其差额就是"公允价值收

第1讲 总论：中国会计向何处去

益"，是"净利润"的一个新成分。但是，没卖出去的东西"市价"是多少，谁能说得清楚？无良厂商从此可以随意地决定金融产品的市价，从而随意地报告净利润。半个多世纪前，在人们无意之中，"净利润"作为替代"赚钱"的虚幻指标，占据了正统地位。"公允价值收益"则是为服从强势集团的利益而提出的虚幻指标，根本没赚到钱，却钻了净利润"什么也不是"的空子，在其中滥竽充数，忽悠世人，使会计离科学愈加遥远，当属于"有意而为之"的错误。会计历史上的这两个重大错误，前后遥相呼应，使得全世界都用错了评估公司业绩的指标，直接导致2008年世界金融危机的总爆发。

第三个重大错误事关合并财务报表。现代公司大多参与股权投资业务，在公司集团内部可能产生关联交易，在提供合并报表时必须消除其影响。但是，可以观察到，西方在合并报表需要解决的一系列问题上，如"母公司观 VS 主体观"、"权益法 VS 成本法"和"合并法 VS 个别法"等，令人不可思议地都作出了方向错误的选择，使得合并报表乱象丛生，提不出完善应对所有问题的统一模式，实务界只能各行其是地摸索，手工编报，又走上了"由谁来编，结果都不一样"的去科学化道路。而现代上市公司绝大多数拥有对外长期股权投资，需要提供合并财务报表，在落伍的理论和技术手段下，连编制者自己都不相信的合并报表，如何有效保护投资者的利益？这已成证券市场监管的一大隐患。这应是属于"无意识的"的，由多个次级错误叠加在一起而合成的重大错误。

第四个重大错误是阉割了复式簿记保护资产的功能。财务会计本是通过对库存实物专设明细账，进行"数量/金额"的双重登记。所谓"管钱物的不管账，管账的不管钱物"，并不是说管钱物者就不记账了，而是说为避免监守自盗，他的账要与会计的库存明细账核对后，达到"账实相符"、"账账相符"，两者如有差异，就要说明理由，才能解脱经管责任。不幸的是，20世纪90年代以来，外行的ERP（企业资源规划）设计者在"业务财务一体化"之类似是而非的口号下，武断地完全取消会计的库存明细账，听任仓库明细账

原来中国会计就是世界领跑者

"一账独大",形成"管钱物的也管明细账,只向会计人员报告总金额"的做法,公然违背内控的基本原则。结果是仓库管理员明细账加起来不等于会计库存总账,谁错了都不知道,无法有效监控实物"跑冒滴漏、偷梁换柱"等行为,高科技还不如手工账管得好,已令会计界严重蒙羞。这是因"无知者无畏"而犯下的错误。

这一切表明,以美国为"带头大哥"的西方会计模式在20世纪走错了路,使美国提出的所谓"高质量会计信息"口惠而实不至,成为空谈和笑柄。而且,不仅仅是对外提供通用财务报表的财务会计出了大问题,在应计制盘踞的近百年中,由于原始业务凭证为财务会计所独占,并被处理成漠视现金流的信息,目的只在于编制资产负债表和利润表,直接结果是面向公司内部的、以现金流信息为基础的管理会计成为"信息干旱重灾区",一直缺乏常态化的数据来源。没有数据输入,当然无从探讨数据处理,遑论数据输出和表达!以至于只能在文献和教材中"蓬勃发展",无法落地生根,无法作为公司管理常态而发挥作用。这就是会计的现状!

某商业银行原来由中国的会计师事务所审计,年度审计费用不过数十万元,改由号称"世界顶级"的国际会计事务所审计后,立马飙升到百倍以上。ERP的设计者是技术专家,对会计无知尚属情有可原,洋CPA们没能看出ERP破坏内控制度的严重错误,没能在源头上刹住,而听任其向全世界泛滥,就是重大失职了;他们也没能及时识别安然、世通、"两房"、雷曼等无良厂商的造假行为,引发世界经济动荡;他们也不过是"吭哧吭哧"地手工分析填列合并报表,给出百万元以下数位都是零的雷人数据,破坏了审计线索,无从审核表内、表间的勾稽关系……有句电影名言说得好"出来混,也是要有专业精神的",如此低下的业务素质,他们凭什么就可以"超国民待遇"地天价收费,中国会计师事务所则沦为在自家国土上的"二等公民"?!再说到传说中"世界五百强都在用"的ERP,动辄几千万元的报价,成功率却严重低下,曾有某央企全行业购买了几十套ERP,结果一套也没用好。其整体先进性姑且不

第1讲 总论：中国会计向何处去

论,会计模块的设计肯定是大错特错的,为使库存明细账表面上加起来等于会计总账,有些软件自动生成"差异凭证",这其中恰恰可能包含错误或作弊业务,是资产保护风险点,系统却回答不了产生差异的原因,为什么还不主动召回有问题的产品?! 敬请读者和相关主管部门注意,在"科学、先进"的假象掩盖之下,是无数笔巨额现金在阴差阳错地流出国家边界,而这最终与我们每一个人密切相关,因此是"不得不说的故事"。

日语中的"一周",就是"循环"或"风水轮流转"之意。历史留给现代会计"苟延残喘"的时间已经不多了,会计的出路何在? 会计该如何转型? 哪个国家会成为新的"领头羊"? 中国会计向何处去? 这是许多有识之士正在思考的问题,作者旨在抛砖引玉,引起中国会计同行的学术争鸣。

1.3 中国的会计文化与核心技术

面对会计几乎"无可救药"的现状,作为中国会计人,回到百年前的"原点",重新回放历史,就会发现,当年的前辈们满心指望能从西方引进"科学先进"的会计,却不料误入歧途,最终引入的是"忽悠大全"的会计,我们自己的会计传统反而本来就是走在正道上的,令人直生"早知今日,何必当初"之叹。

中国会计界"西学东渐"的启动,大致以1905年为标志,在当年,蔡锡勇出版了《连环帐谱》,介绍复式簿记,大清（户部）银行也派员赴日学习记账。1911年前后,已无科举功名可以考取的学子们纷纷走出国门,负笈求学。其中杰出的会计学者很快就作出了世界性的贡献,如杨汝梅（众先）所著《商誉及其他无形资产》(GoodWill and Other Intangibles)1924年出版于美国,"**会计名家派登(W. A. Paton)氏于其所主编之《会计大全》第七九五页到八三三页(Accountants' Handbook p. 795 - 833)、史屈莱托夫于其所**

原来中国会计就是世界领跑者

著之《高级会计学》第一一五页至一二二页（Advanced Accounting p. 115-122）中均一再引用，奉为圭臬，于此足征该书之价值，实占有会计学国际之重要地位也。"（李鸿寿：《会计书报介绍》，《会计季刊》1937年1月1日）而派登就是今译为佩顿的美国会计学会前会长。

在国内，从20世纪20年代起，从未出国留学的徐永祚发起"改良中式簿记"运动，风生水起，势如破竹，也引起日本会计学者的注意，"**有本邦造氏且亲来咨询，为文刊之日本《会计》杂志**"。徐永祚的长子徐庸言先生回忆："**我亲眼看到他会见日本会计专家有本邦造先生时，用日语对答如流，以致社会上有不少人误认为他曾留学日本。**"（《忆父亲徐永祚》，徐永祚：《改良中式簿记概说》附录，立信会计出版社2009年12月）可见，在民国初期，中国会计学者与世界会计是能够对话的，并不是有多大的落差。

值得特别关注的，还有中国会计"现金导向"的独特文化传统。公司的对外交换是"现金/实物"互为逆向的运动，所以有"实物导向"和"现金导向"的两种视角，观察所得结论也截然不同。

徐永祚先生指出："**复式簿记之左借（Debit）右贷（Credit），犹之中式簿记之上收下付，复式簿记之分录（Journal），犹之中式簿记之转账。惟借贷以科目为主，中式之收付以现金为主。故所表现者适得其反。吾人但知其相反可耳，何必为形式上之改革。故中式簿记现金收付之帐法。本方案仍照旧采用……历来商界对于物品会计，往往漠视，以致窃取走漏，常有所闻。不知货物用品，乃由金钱所购得，应与金钱同一重视……**"（徐永祚：《改良中式商业簿记方案》，《会计杂志》第二卷第一期，1934年）

建国后首任会计司司长安绍芸先生则作如此理解："**根据本人的了解，收付记账方法的理论是现金收付，可以反映各类资产负债净值的增减，因而如果根据现金收付事由的类别设置会计科目，记账的目的照样可以达到。收付记账方法的会计科目实在即是现金科目的明细科目，合起来仍等于一个现金科目。所谓收方科目**

第1讲 总论：中国会计向何处去

实即现金科目收方记录之分析,所谓付方科目实即现金科目付方记录之分析,故收付记账方法的会计科目中,应该没有现金科目。"（《总预算会计制度第八条关于记账方法的说明》,《新会计》创刊号1951年1月25日）

可见,"中式收付簿记"是偏向于现金而相对漠视实物的,与基于应计制的"西式借贷簿记"相对漠视现金明显不同。近代会计史上,"现金收付记账法"在中国沿用了至少60年以上,直到1993年会计制度改革才退出历史舞台。徐氏称"中式之收付以现金为主",安氏称"现金收付方法的会计科目实在即是现金科目的明细科目",都入木三分地指明了现金在中国受到尊崇的主体地位,其影响可谓源远流长。

根据比较文化理论,文化传统和文化环境常可用于解释为什么某些现象会发生在某个国家而不是其他国家。因此,结合历史传统,以下的两个现象似乎是顺理成章的：

（一）中国会计准则要求企业同时提供现金流量表主表和附表,分别采用"直接法"和"间接法"（或称"调节法"）,从而成为世界上要求最严格的国家；

（二）中国会计学人提出作为调节法理论基础的"汪－张等式",完成"现金流量表的精确编制原理及其计算机实现"的课题,达到主附表"殊途同归"的精度,直接支持了中国现金流量表准则的要求。"汪－张等式"表达为（请参阅本丛书之一《原来会计可以这么学》）：

经营活动净现金流量＝净利润－经营性项目净增额－非经营活动导致利润净增额 ＋非经营活动导致经营性项目净增额（反向时以负数表现）

汪氏即笔者本人,张氏即张世党先生,他提出附表的"其他"项目,要包括"经营性活动受非经营活动影响的业务"在内,为笔者建构公式提供了重要的启发。这一等式给出了严谨的框架,可以用

原来中国会计就是世界领跑者

来解释和预测间接法的调节过程,并已经过广泛的实践考验,可以正式确立为一种规律了。我们可以得到调节过程中各项目与"汪—张等式"各项目的对应关系,如表1-1所示。

表1-1　　调节法各项目与汪一张等式的对应关系

－经营性项目净增额	－非经营活动导致利润净增额	＋非经营活动导致经营性项目净增额
递延所得税资产减少（增加以"－"号填列） 递延所得税负债增加（减少以"－"号填列） 存货的减少（增加以"－"号填列） 经营性应收项目的减少（增加以"－"号填列） 经营性应付项目的增加（减少以"－"号填列）	资产减值准备 固定资产折旧、油气资产折耗、生产性生物资产折旧 无形资产摊销 长期待摊费用摊销 处置固定资产、无形资产和其他长期资产的损失（收益以"－"号填列） 固定资产报废损失（收益以"－"号填列） 公允价值变动损失（收益以"－"号填列） 财务费用（收益以"－"号填列） 投资损失（收益以"－"号填列）	应收款转投资 应收款转在建工程 应收款抵固定资产款 存货充抵投资 存货转在建工程 存货抵固定资产款 应付款转资本 固定资产换入存货 投资换入存货 以前年度损益调整业务 ……

表1-1中,左边和中间两大板块是现金流量表附表"补充资料1"明文列举的内容,右边代表"经营性和非经营性互相挤占挪用"的业务,这类业务一旦发生,在附表只能放在"其他"项中,由此揭示了"其他"项目所代表的经济内容。可见,附表中从"净利润"开始,到"经营活动产生的现金流量净额"为止的调节过程,每一项都有会计核算账面数据支持,主表"经营活动产生的现金流量净额"项目只有与其相等才是正确的,这可称为"汪—张等式验证",是在应用主表数据之前确保其精确性的必要步骤。其重要性在于,"现金"数据是容不得任何误差的,必须精确到小数点后两位。

这就是我们可以倚重的文化传统和核心技术,结合其他原创性成果,不但可以改正上文所提及的四大错误,还有望使管理会计进入实用状态,大大提升会计的价值,简述于下。

第1讲 总论：中国会计向何处去

对于第一和第二个"去科学化"的错误，改正思路在于：长期以来，人们习惯于只看实物的单向运动，也就难免片面性，只有用"实物/现金"兼顾的"双视"眼光，结论"共生且互补"，才能避免盲人摸象式的错误结论。鉴于"存在的就是合理的"，为了让只能借"应计制"谋生的人还有饭碗可端，让还没清醒的研究者可以在那儿继续玩，笔者提出"保留现状，另立山头"的改良方案，即在完整地保留应计制会计和净利润指标的同时，通过深度利用计算机，自动完成数据转换，开拓出现金流会计和溢余现金，实现势在必行的公司业绩指标大转换，由此形成会计"双轨制"的结构。"净利润"是会计界在自欺欺人，"赚钱"才是硬道理，在双轨制下，公司有没有利用净利润来扯淡已不再重要，最终还要正面回答"赚钱了没有"。显然，为了回答这个问题，回归到"现金收付实现制"是极其重要的。不过，"似曾相识燕归来"，这一回不再像"每股现金流量"指标那样"内外通吃"了，不是把股东、债权人的现金收付也算在内的"现金收付制"，而是"内生性"的"现金收付实现制"，重视公司"自己赚到的钱"即溢余现金，并以此作为全新的业绩指标，这只要对精确编制的现金流量表主表项目另作编排即可得到。简捷地说，所谓"赚到的钱"，就是主表上"经营活动产生的现金流量净额"、"投资活动产生的现金流量净额"和"汇率变动对现金及现金等价物的影响"三大板块之和。从这个角度看，能不能精确编出符合"汪一张等式验证"的现金流量表主表，是区分"单轨制会计"和"双轨制会计"的唯一标准。

对于第三个错误，即号称"国际财务会计四大难题之一"的合并报表问题，只要确立公司集团虽然不是法律主体，却是会计主体的理念，借助IT工具导入成员公司数据，为公司集团单独建账，进行自己的后续会计核算，编制自己的财务报表，就可迎刃而解了。解题的大方向一旦对了，何难之有？！

对于第四个错误，即ERP破坏内控制度的问题。需要明确的是，技术理由无论如何不能凌驾于保护资产的理由之上，在我们空前重视内部控制的大环境中，没有理由再对这个巨大的漏洞视而不见了。这就需要引起内控主管部门充分关注，CPA的内控评估报告要明确指出其缺陷所在，用户为保证资产安全要提出改进软件的要求，在各种社会压力下，由软件开发商召回并改正就可以了。

至于如何提升管理会计实用价值，要点是转换到现金业绩指标上来。既然财务会计要报告"赚了多少钱"，管理会计就该研究"怎样多赚钱"，而这是极其简明的。例如，每个部门、班组乃至个人都可明确为"现金收支中心"或"现金支出中心"，实行"业务职责明细化，现金收支明细化"的双重业绩评价，而所有现金收支直接向上汇总的结果，就是公司运营的最高目标"溢余现金"，即赚到的钱了。这要通过下文所说明的，融财务会计与管理会计为一体的，换代的新会计信息系统设计来实现。

1.4 中国会计高歌猛进的快车道

由于技术水平太低，改为代用技术，然后被不良厂商所利用，最终引发社会动荡的现象，在2008年至少已可观察到两例，并且都遵循同样的过程模式。在食品业是"蛋白质含量无法直接检测→被替身为检测含氮量→三聚氰胺乘虚而入"的中国毒奶粉事件，在会计界是"赚多少钱算不出来→被替身为算净利润→公允价值收益乘虚而入"而引发的世界金融海啸。

笔者是"会计技术学派"的倡行者，可以负责任地说，依托我们的传统文化和原创的核心技术，让中国会计在三五年内跃居前列，引领世界"会计科学化"潮流，为提升全行业的"存在价值"作出表率，其先决条件确实已经具备，只待我们充分认识并发扬光大，这就是走"会计信息化"之路，借用国家信息中心胡小明先生的说法，信息化的本质是用IT来快速复制和传播人类智慧。如果错过时

第1讲 总论：中国会计向何处去

机,则是我们这一代会计人的历史过失。

首先需要填补的"世界性空白",是公司集团管理信息化。前已述及,当前的理论和技术手段严重落伍。其实,根据"公司集团会计学原理",在现代信息技术支持下,公司集团完全可以另起炉灶地建账核算。先是导入各成员公司会计核算的电子数据备份,清除其中与公司集团会计主体无关的业务数据(主要是记录关联交易的记账凭证,和成员公司结算"自家损益"的记账凭证);然后转换为公司集团统一的账户体系,统一排序和重新编号,就有了自己的"账",此后如何进一步核算,如何编制报表,都可以从会计教科书中找到答案,没有新问题了。这样,通过底层(成员公司)和中层、顶层(公司集团)几个层面"合并报表核算软件"的上下配合,不但编制合并资产负债表和合并利润表完全不成问题,还可以补充成员公司当前所用的"单轨制会计软件"之不足,编出底层精确的"现金流量表",在中层、顶层编制出精确的"合并现金流量表",进而是"合并溢余现金表"。在这样的技术支持下,可以直接回答"去年赚了多少钱"这样的问题,一举摆脱只会用"净利润"来忽悠世人的尴尬处境。总而言之,借助于信息化为公司集团自动建账,上市公司合并报表的信息质量将大大提高,更重要的是集团高层管理由于有了"知情权",管理水平也将上一个台阶,而这是不需要追加多少工作量和投资就可以达到的。

回到会计信息系统上来,这又是我们可以冲刺的领域。始于1990年前后,沿袭至今的中国"会计电算化",基本特征是简单模仿和复制财务会计实务,以减轻劳动量为主要诉求,加上设计者对会计的本质缺乏正确理解,连财务会计的基本功能都未能完全实现,更不可能在设计上考虑管理会计的需求。本书提倡的"会计信息化"则是从技术上打通财务会计与管理会计的、换代的"一体化会计系统"。在公司内部管理方面,现金流信息可以让管理会计枯木逢春,有丰富可信的数据来源和数据处理手段,并形成"动态全面预算",成为常态化的公司内部管理机制。限于篇幅,简要地围

原来中国会计就是世界领跑者

绕图 1-1 加以说明。

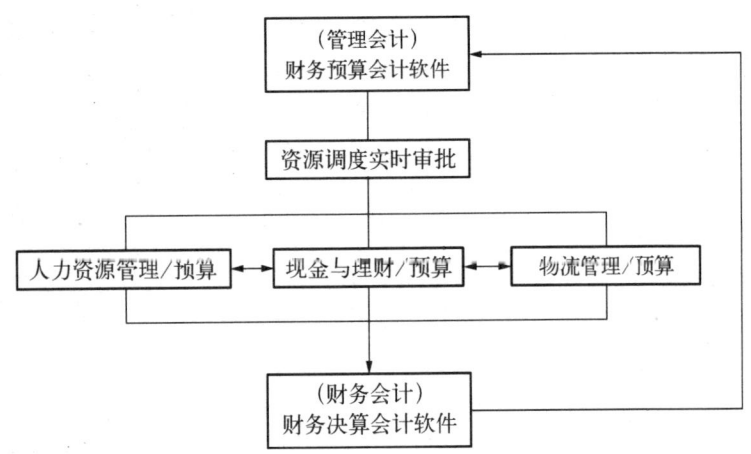

图 1-1　一体化会计信息系统示意图

公司的生产经营过程,无非是"人、财、物"三要素共同发挥作用。所以,图中处于中心地位的四大模块属于"前台业务",除了实时管理外,还有可能通过预算进行事前管理和事后分析。而管理会计和财务会计则属于"后台业务",其功能是针对前台业务进行平行监控与分析,并提供"预计的"和"历史的"财务报表。可以将会计信息系统视为两个相关联的"软件账套",其中,财务会计账套可称为"财务决算会计软件",以实际业务单据作为原始凭证,利用其数据产生记账凭证,最终产生资产负债表、利润表和现金流量表,当然,它要重建库存明细账的核算;类似地,管理会计账套可称为"财务预算会计软件",以前台业务的预算表单作为"原始凭证",利用其数据产生面向未来期间进行核算的"记账凭证",最终产生预计资产负债表、预计利润表和预计现金流量表。在两个账套之间,只要建立一个"账户体系对照表"(表 1-2),确保预算账套和决算账套的账户体系能挂上钩,便随时可以查询各账户的预算数、实际数和差异数,完成对业绩的考核评价。

第1讲 总论：中国会计向何处去

预算会计软件账户体系设计的特点是：

1. 预算账户只能是粗略的。因为不到未来时点上，无法预测细节性的内容。如何说得清明年此时谁欠了多少应收账款，存货会以哪种具体形式存在？

2. 预算账户与决算账户之间，要有严格的对应关系，例如，决算账户的"原材料"、"材料采购"、"生产成本"、"产成品"、"发出商品"等均属于预算账户的"存货"，这样才可能进行预算差异分析。这种严格对应可以通过对照表建立起来，表1-2是"预算/决算账户对照表"的简例。

表1-2　　　"预算/决算账户对照表"简例

预 算 账 户	决 算 账 户
货币资金	库存现金
	银行存款
	其他货币资金
存　　货	材料采购
	原材料
	生产成本
	制造费用
	产成品
	发出商品

有了"预算/决算账户对照表"，要编出如表1-3的"财务预算差异分析表"也就不难了，它的特点是针对每一预算账户，"预算数"是从预算账套取数的，"实际数"是将对应于该预算账户的决算账户数据相加得到的，两者之间的差异是监控和分析的依据。

表 1-3　　　　　　　　财务预算差异分析表

预算账户	期初余额		本期方		本期贷方		期末余额	
	预算数	实际数	预算数	实际数	预算数	实际数	预算数	实际数

1.5　向全世界推出"左右记账法"

走在世界会计前沿的,还有"中国流复式簿记"。

复式簿记是商业史上的重大发明,连大文豪歌德也曾经借笔下人物之口,说复式簿记是"人类智慧的绝妙结晶",到现在已经有500多年历史了。开始时是在信贷业采用,记账符号"debit/credit"是"人欠/欠人"的含义,这个行业本来是在"人欠"和"欠人"中赚取"利差"的,所以容易理解。后来扩展到工商各业后,记账符号的原意就不适用了,变成"好用而不好解说",很是尴尬,这是其他国家的普遍情况。1907 年,两位留日的本科生谢霖和孟森首次以"借/贷"将其引入中国,但在近代中国"借/贷"实际上是同义词。"告借无门"和"告贷无门"说的都是借不到钱;"银行借款"和"银行贷款"毫无区别,结果是硬把同义词当反义词来用,实在是挑战我们的智商!可见,这是全世界会计的通病,但在中国症状更为严重。历史的阴差阳错,使中国学人百年来不断探讨,提出各种替代方案,展开无休止的"拉锯战",读者可以参阅本丛书之三《会计那些事儿》的"复式簿记的中国流变"专题。

史上最成功的替代方案是"增减记账法"。20 世纪 60 年代初,在《鞍钢宪法》的背景下,因"借/贷"不知所云,改革呼声再起。主管财贸工作的时任副总理李先念要求商业部认真研究,在时任

第1讲 总论：中国会计向何处去

商业部长姚依林领导下,商业部对各种记账方法进行比较研究,由张以宽等专业人员设计了"增减记账法",以"增/减"作为记账符号,在商业系统试行。由于增减的思想通俗易懂,一不小心,工业、交通等各业也同时推行开来,连大庆油田也采用了。商业部更是经财政部同意于1966年正式全面推广。紧接着就是"十年浩劫"期间,只能任其"自生自灭",增减法却在和借贷法的对比中大显优势,野草似地蔓延开来。1981年,商业部财会局出版《增减记帐法十五年》进行总结,第一次印数达12万册,而其时全国企业总数不过4万家。增减法如此受欢迎,"大俗即大雅",背后的思想性是值得重视的。现代人老说中国没有多少"原创性成果",其实,这早就是中国老一辈国家领导人直接领导,会计专家设计,会计实务界积极配合的重大原创性成果,而且已经在中华大地上试验成功了,我们应当衷心地向他们致敬！张以宽教授后来调到北京商学院(今北京工商大学),他的专著《增减记账法》后来由日本学者翻译成日文,在日本出版了。

到了1993年,《企业会计准则》规定"会计记账采用借贷记账法",增减记账法在一夜间无疾而终。应当指出,这完全不是某种方法优或劣的问题,而是选谁作为"标准",向谁"趋同"的问题。在闭关锁国时,增减法是国内标准;一旦改革开放,借贷法是国际标准。而"弱国无外交",当时的中国在世界经济中是没有多少话语权的,结果当然可想而知。

现在检讨起来,在外部表现上,"增减法"和国际上通行的复式簿记差异较大,不容易对话,也确实还不具备作为"标准"让世界各国会计都乐于"遵从"的程度。但无论如何,这种思想是革命性的,完全可以说是"虽败犹荣"。

事情在2009年又有了变化。当年2月,独立研究学者汪致正指出"借/贷"应当改为"左/右"(见《记账的规律》,上海科技教育出版社),并提出"左左右右"的记账原则,即"会计恒等式左边的账户,增加额记在账户的左边,反之亦反;会计恒等式右边的账户,增

原来中国会计就是世界领跑者

加额记在账户的右边,反之亦反"。当年10月,本书作者在此基础上,综合百年来中国学人的研究成果,提出"中国流复式簿记方案"。其外在特点是在手工记账时改用"左/右"为符号,可简称为"左右记账法"。原有的"增减"则上升到思想层面,作为"复式簿记之魂",有助于轻松地判断业务所涉及账户金额的增减,加上"左右"配合,运用"助记口诀"(从"左左右右"扩展而来),或"左手定则",下意识地快速确定记账方向。结果是在会计教学中效率奇高(满打满算10个课时就够了。想要一般性地了解会计的,2个小时就能听懂),效果奇好(想出错都难),读者可以在本丛书之一《原来会计可以这么学》得到亲身体验。

"增减法"的通俗易懂有口皆碑,并经过在中国大地顺畅运行近30年的考验,当前中国会计界中坚人士大多是学增减法出身的,有深厚文化基础,推行起来毫无风险,配上"左右"符号后,更是如虎添翼,实务工作可以做到既快又准确;与会计密切相关的监管部门、税务部门、国资委、公司管理层、投资者、债权人和证券分析师等人士,花两个小时就可以知道会计是怎么回事,有助于大大加强行业外对会计的监管力度;由于已经具备普及的前提条件,还可以下放到中小学作为常识课,进入家庭广泛用于个人理财记账,掀起"全民学会计"的潮流。

更重要的是,这是与现行国际标准差异最小的方案,只要将记账符号"debit/credit"更换为"left/right",启用新思维,立刻见效果,完美实现无缝过渡,是中国立即可以推向全世界的原创性成果。不要以为这是小题大做,凡是与千百万人的学习和工作有关的任何改进,影响都是不可低估的,更何况其改进之大,可说是"不可思议",快速扩散的势头已成定局。

相形见绌的是"借贷记账法"教学,目前需要60~70个课时,结果还是连老师带学生都似懂非懂,一不小心就出错。学生毕业后遗症还被扩散到实务工作中。溯本求源,所有的会计学原理教材都有类似的一段话:"账户分为左右两方,左方是借方,右方是贷

第1讲 总论：中国会计向何处去

方……"，就是在这个关节点上开始出问题的。自从用"借/贷"置换"左/右"之后，中国会计"人生识字糊涂始"的历程就开始了。其实，写教材时顺着"左/右"的思路写下去，就一路畅通，这里根本没"借/贷"（更准确地说是"debit/credit"）什么事。当年两位留日本科生不经意中引进的"借/贷"符号，已经把中国会计人折腾了100年。没有任何理由听任现在看来很迂腐的"借贷记账法"再生存下去了，那是逼着学生浪费时间，误人子弟，应当彻底终止。2010年的全国"两会"上，全国政协委员、福建省审计厅副厅长王光远教授提出关于推行厦门大学"中国流复式簿记"这一将对世界会计产生重大影响的改革的提案（《福建日报》3月3日）。从这个角度看，**《企业会计准则》中关于"会计记账采用借贷记账法"的规定，在完成统一记账方法的历史使命后，应该取消或修改了，否则会起到阻碍进步的作用。**

  1494年总结复式簿记的意大利数学家卢卡·帕乔利，在现代会计人心目中已经是神坛上的人物，可以说，没有复式簿记，就没有现代会计。能够轻松地改正它延续了500多年一直存在的痼疾，就和在人体脊椎上动刀而又毫无风险同样精彩。100年来，中国学人接力求索，终成正果，笼罩复式簿记500多年的迷雾豁然散开，我们正在见证和亲自推动人类社会的进步，这是值得高调宣扬的大事，应该在中国先做出榜样，然后惠及全世界！

  有必要强调说明，"中国流复式簿记方案"是100年来中国人智慧的结晶。笔者本人只是运气好，在正确的时间做了正确的事，起了把各种中国本土原创的会计思想"组装"起来，改进现有复式簿记的作用而已。

第 2 讲
问题产品 ERP 剖析

第 1 讲"1.2 离科学渐行渐远的西方会计"中所提及的 ERP 问题,虽然只是技术系统设计者因对会计无知而犯下的错误,本不该小题大做的。但此类系统客观上在公司内部控制中撕开了一个天大漏洞,摧毁了会计"保护资产"的传统功能,库存商品先去最重要、也是最后的一道防线,管理层却对公司可能正在发生"内出血"浑然不觉,已经坐在火山口上。

更要命的是,在"科学先进"、"世界五百强都在用"的幌子下,这种错误的设计模式已经在全球泛滥开来,成为事实上的"标准"。借用国家信息中心胡小明先生的说法,笔者认为这是用信息技术在全球复制和传播"愚蠢",到了不能回避、必须"群起而攻之",要求软件开发商限时改正的地步了,所以有必要从实践和理论上进一步分析。本讲内容源于笔者发表在《财务与会计(理财版)》的两篇文章,即《ERP 的致命通病:将会计边缘化》(2007 年第 11 期)和《为什么不该取消会计的库存明细账》(2008 年第 3 期),后文并被读者评为该刊年度优秀论文一等奖。

第 2 讲 问题产品 ERP 剖析

2.1 一个具体案例的剖析

在《财务与会计》综合版 2007 年第 6 期上,刊登了一篇文章《ERP 流程是万能的吗?——某跨国连锁超市舞弊案的分析和启示》,提出了一个很重要的课题,看了该文提供的案例材料后,笔者也觉得有话要说。

此案有三位核心人物:方元,超市网络管理员,起初因为加班,想从超市拿食品吃,但保安对内部人员也要检查是否有收银小票,所以方元输入一笔程序,可在不付钱的情况下打出收银小票,白吃了几个月;超市司机陈炜嘉,知道此事后兴奋不已:既然可以拿食品,也就可以拿钱。在他劝说下,方元为收银机设计补丁程序,可将当日上报的营业额合计数自动减少 20%,但打出的收银小票金额不变,陈炜嘉则负责招募和培训"可靠"的收银员,让其每天将营业款的 80% 汇总上交,将截留下来的 20% 营业款转移出去;于琪,另一位程序管理员,负责在各下属分店安装非法程序,扩大"业务范围"。最后,此案牵涉多达 43 人,盗窃的总金额达 397 万元。这个团伙之所以被发现,据介绍,是因为管理层坚持手工盘点,从而发现"库存总是远低于账面记录的数字,而这又远远超出了超市合理的自然损耗率范围",直觉地"认为这其中肯定有问题,但又查不出问题出在什么地方,随即向警方报了案",是警方介入后才破案的。从这个角度看,这个团伙的"专业水准"其实还是有欠缺的,已经走到这一步了,如果他们继续修改程序,使系统的账面库存数与实际库存数相符或基本相符(在合理损耗范围内更自然和可信),那就可说是"天衣无缝",坚持手工盘点也还发现不了。管理层可能连起疑心都不会,毫无疼痛感地持续"内出血"下去,也不会惊动警方了。

这个案例告诉我们,千万不要迷信所谓 ERP 能对交易进行全

原来中国会计就是世界领跑者

面的、强有力的控制监督。笔者认为，这是极不负责任的说法，这是为"忽悠"用户而制造的神话。计算机系统的强项在于数据处理能力和数据传输能力，在控制监督能力方面，恰恰是最弱的。笔者研究数据逻辑模型已近 20 年，与软件、硬件高手常打交道，耳闻目睹，深刻体会到：表面上看，我们摆弄不了系统，被它所控制，那是因为我们还是外行；对真正的内行来说，实际情况则是"硬件不硬，软件更软"，只是想不想去破解、愿不愿费工夫去破解而已（请注意本案中有兴趣去破解的方元是"计算机中专毕业生"这个事实）。出于系统的防范能力极弱，数据处理和传输能力又很高，往往更有可能的，是成为舞弊者手中得心应手的工具。如果我们对系统的监控能力盲目地寄予厚望，自己毫无作为，肯定要吃苦头的。

由此而来的问题是，假如这个团伙的智商和"专业水准"足够高，也真的有机会去继续为程序打上各种补丁以做到"账实相符"，我们是不是只好听任他们截留营业款而一无所知？我们还有下一道防线吗？会计人员如何才能够有所作为？

这个问题其实早有肯定的答案，这就是几百年来复式簿记一直在进行的，相对于"前台"物流资金流而言，笔者称之为"后台平行监控"的工作。简而言之，根据"管钱物的不管账，管账的不管钱物"内部牵制原则，同时开设"库存实物账"与"会计库存账"两套明细账，各自作永续性登记，然后定期由会计人员主导核对工作，与编制银行存款调节表相类似，通过考察两套明细账之间是否有差异、差异是否可解释（即常说的"账账相符"），来达到记录或解脱经管者责任，强化资产保护的目标。

不过，在信息化环境中，会计信息系统最好要做到两点：

1. 能够调用前台业务系统的电子数据，在会计人员审核无误后，自动转换为"一级科目至最明细级"一体的记账凭证，这样才能确保"拥有"自己的库存明细账而无需手工录入，要强调的是，这是"主动共享"而不是"被动接受"，只是有选择地利用别人的录入劳动，一旦调用的数据有问题，在自己的输入口上可以当场改正，所

第 2 讲 问题产品 ERP 剖析

以是"自己"的账;

2. 在物理布局上,后台的会计系统要与前台的业务系统隔离开来,可以调用前台业务数据,但不允许外部随意调用和修改会计数据,即数据"只进不出"。一般是会计系统另设服务器和独立网络,对数据线施加自然的、可靠的通/断控制即可达到。

在这样的前提下,我们仍继续连锁超市的案例,说明会计"后台平行监控"的作用。

无论可靠与否,前台库存系统都应当向后台会计系统上报当天已售商品数量和单价;会计系统在接收数据时,先逐一计算"商品单价×已售商品数量",其中,商品单价是用自己预先掌握的,已售商品数量是前台上报的,将合计金额与收到的营业款相比,如果相符,则自动将前台上报数据转换为记账凭证:

库存现金(或银行存款)
　主营业务收入——商品类别(商品明细规格)(代表所有的明细
　　　　　　　　流水记录)
　应交税金——应交税费(销项税额)

并根据"数量/金额双重登记"的做法,同时自动登记已售商品数量。此时,假设前台截留营业款的事件已经发生,从会计来说,实际只收到了 80% 的营业款,在单价不可能改变时,当然已售商品也只有 80% 的数量才能通过测试。如果不满足检测条件,问题马上就暴露了,如果满足条件,会计信息系统姑且登记"这多的钱"和"这多的数量",然后再做下一步动作。

接下来,会计信息系统要结转销售成本,根据复式簿记原理,有"库存商品"的减少,必然有"主营业务成本"的增加,而主营业务成本是与主营业务收入的明细一一对应的,所以依据是上一步骤登记的已售商品数量,方法是自动逐一查找"自己的"库存明细账上的金额余额和数量余额,"金额/数量",求出库存单位成本,逐一计算"单位成本×已售数量",得到待结转金额,然后自动编制记账凭证:

原来中国会计就是世界领跑者

主营业务成本——商品类别(商品明细规格)(代表所有的明细流水记录)
　库存商品——商品类别(商品明细规格)(代表所有的明细流水记录)

也就是说,在截留现金的行为已经发生的情况下,会计根据自己账上的已售商品数量,只能注销实际售出商品数量的80％,这是解脱经管责任的重大问题,不允许多注销的,所以无从造假。而因为上文提及的"隔断数据通道"的要求,方元们玩不到这儿来,即使能玩进来,也绕不过复式簿记"有左必有右,左右必相等"和"按已售数量注销库存商品"的严谨要求。

接下来会发生什么情况是显而易见的:后台会计系统账面上的结余商品数量肯定比前台业务系统账面上的结余数量更高!假设双方都没有待处理的未达账项,能够导致这种差异发生的,只有两个原因(或两个原因兼而有之),要么少收到钱,要么多出了货。案例告诉我们,超市严密的录像监控,使"多出货"绝不可能,那就只能是少收了钱,要证实这一点也很容易,现场抽样,摄像监视跟踪几台收银机一天的所收到现金,与实际上缴的现金相对比,便可水落石出了!这里顺便指出,收银职位本是内部控制中最重大的"危险点"(danger point),该超市居然任由司机招募收银员,任由收银员在营业结束后有机会独自处理营业款(作二八分配),堪称一绝。

奇怪的是,用上述传统的"两账并设"方式轻而易举便可揭穿的舞弊案,在企业实施ERP系统后,不可理喻地变得多么扑朔迷离和难以查证。案例描述的破案过程是:"从2005年3月开始,超市在进行盘点时总是发现账实不符,库存总是远低于账面记录的数字,而这又远远超出了超市合理的自然损耗率范围。……管理人员凭着直觉认为这其中肯定有问题,但又查不出问题出在什么地方,随即向警方报了案,警方介入以后,经过一个多月的侦查,终于将犯罪团伙抓获,一起利用公司ERP系统漏洞盗窃营业款的案件逐渐浮出水面。"其中,还要得力于"在一次无意的检查中,有人检到一张收银小票,发现与收银机的合计数有差异"才警觉起来,

第 2 讲　问题产品 ERP 剖析

还要劳驾计算机犯罪专家对超市的 ERP 进行仔细侦查,终于发现方元植入的秘密程序,以此为突破口而一举破案。

这里要指出 ERP 架构设计中一个通病,那就是"将会计边缘化":在"业务财务一体化"、"统一数据来源"之类"似是而非"的口号下,传统上最可靠的会计"后台平行监控"被完全取消,"两账并设"变成"一账独大",会计人员只有金额核算,没有数量核算,只能被动地依赖"经管钱物者"的明细账。手头没有了"自己的"库存明细账,也就没有了核对和查错的底气。一旦他把水搅浑了,我们除了跟着"浑"之外,毫无办法。本案破获过程中,我们看不到该超市的会计人员在资产保护上发挥了什么作用,也想象不出他们能发挥什么作用,笔者猜想,充其量是"主持"了手工盘点而已;反之,如果拥有自己的明细账,按照上文说明的"后台平行监控"方式,两天就自己破案了,完全不需要警方一个多月的艰苦侦破,差别就在这儿。

ERP 设计上的这种错误极为致命。从内部控制的实质上说,是"管钱物的也管明细账,只向会计人员报总金额",公然藐视号称"内部控制评估专家"的 CPA 的智商;在实务上则产生库存明细账加起来不等于总账的现象,令号称计算能手的会计人员手中没有自己的工具,郁郁不得志却无能为力;更重要的是会计信息系统被边缘化,严重丧失传统的"保护资产"的能力,已可称之为会计行业的"丑闻",令会计界蒙羞。

ERP 的漏洞已经明摆着,只是还不知道有多少人已经在钻,如果不及早亡羊补牢,该跨国连锁超市的舞弊案绝不会是唯一的例子!

2.2　为什么不该取消会计的 库存明细账

在讨论某跨国连锁超市的现实案例后,我们接着从理论上分析，为什么ERP不该取消会计的库存明细账。最能迷惑人的诡辩，应当是："ERP已经在流程上设置了各种审批和授权的控制，所以，可以不要会计的后台平行监控，有仓库的一套账就够了"。可是，我们已经提及，计算机系统在控制监督方面的能力恰恰是最不可靠的，"硬件不硬，软件更软"，对硬件下手，用一根大头针放电或其他手段，有可能使进入的密码控制失效，回到出厂状态；对软件下手，输入一段代码，修改某些数据，也有可能打通相关的关卡！控制与反控制的双方，你有先进手段，对方用的也是同样的先进手段；你在明处，对方在暗处；你是孤家寡人，对方则来自四面八方，防不胜防；你的防范措施和加密策略只是一时之想，对方则可以持续去尝试破解，所以往往是"道高一尺，魔高一丈"。那一系列的流程控制算个啥？据报载，法国兴业银行交易员热罗姆·盖维耶尔在未经授权情况下连闯银行"5道安全关"，获得使用巨额资金的权限，大量购买欧洲股指期货，最终给银行造成49亿欧元（约合71.4亿美元）的损失。调皮的计算机系同学，空手进实验室，打进一段代码，就能使网络瘫痪，焦头烂额的管理员用的还不是最先进的网络管理系统？！你只要在报上看一看，ATM取款机已经出了多少事；在网上查一查，还有哪家世界顶尖公司的产品没有被破密，就会相信此言不虚了。如果还有办法，谁不愿意做到万无一失呢？所以，这是很不负责任的、"忽悠"花了傻钱的外行用户的说法。

虽然以上都是听来的软件硬件高手的"肺腑之言"，作为非IT专业人士，我们还是没有公开叫板计算机系统的底气和技能，只要知道它并非"神圣不可侵犯"就够了。回到我们熟悉的管理领域，需要知道的是，有一系列的流程控制当然是好事，但即便如此，会计在资产保护方面的作用还是不可替代的。原因在于系统是"人—机"系统，占主导地位的是人，人的最大毛病是会犯错误，而且种类繁多不胜枚举，例如，仓库管理员未能识别假的提货单而发货了；或者开销售单时金额正确而数量多加了一个零；或者是审批者

第2讲 问题产品ERP剖析

的工作差错,未核实收款与否,便在系统中授权发货了……诸如此类的错弊都是可能发生的,甚至可能叠加在一起同时发生,那就更可怕了。所以理论上总是还会存在着系统所无法事先覆盖和防范的各种错弊。设计完善的资产保护机制应该是,当你对所有想得到的错弊行为尽可能加以防范后,如果问题还是发生了,那就需要有"第二道防线"的措施来补救,而当前ERP在设计上的通病,便是少了这个"第二道防线"。

假设有一销售提货单是假造的,仓库管理员未能识别出来而发货了,总之,货被人提走了而未收到款项。此后,提货单同时也录入系统,这笔存货被扣除。单从仓库管理的角度来看,"账实相符",显得一切正常。也就是说,依靠仓库管理系统的自身机制,是无法杜绝此类问题的。

在当前ERP下,会计能发现这一问题吗?ERP的设计特点是模块化,一般划分为总账、固定资产、销售订单处理、存货控制、应收账款、应付账款、采购订单处理和工资等八大块(正应了"大卸八块"的成语),会计人员掌管总账,有关的业务模块掌管明细账,并在业务发生时,自动生成只有金额没有数量的总账分录发送到总账模块。所以,正常情况下,销售模块向会计的总账模块发送记账凭证:

银行存款
(或应收账款)
    主营业务收入
    应交税费——应交增值税(销项税额)

仓库模块也向会计总账模块发送记账凭证:

主营业务成本
    库存商品

既然在ERP中,会计自身不设明细数量账,只能依赖仓库明细账的查询功能,而仓库账中确有其事,会计总账模块只好全接收了,

原来中国会计就是世界领跑者

其结果当然是，在会计系统中，这笔业务没有有关销售收入的记账凭证，却有结转销售成本的记账凭证，这一票货毫无回报地说没就没了，其成本则混进其他已销售商品的成本中，被掩盖起来，这就是"管货的也管明细账，只向会计报总金额"的直接后果，可见，ERP的设计者连基本的会计常识都没有，其思路是大有问题的！

正确的做法应当是，财务会计也同时开设库存明细账，依据多联式原始凭证的"财务联"记账，进行数量与金额的双重登记，并与仓管员的仓库数量账相互核对，通过在实物数量上的"账账相符"（如有差异，应可以解释）来保证企业的资产完整。上述业务有两种可能：

（1）造假行为只局限于出货环节。假销售提货单是直接交到仓库去提货的，属盗窃行为，则会计手头不可能有原始凭证的"财务联"，在会计的库存账上当然没有任何记录。通过仓库存货账与会计存货账的明细数量比对，就能锁定这一笔有差异的业务，进而采取追查报案、完善单据识别手段等措施来"亡羊补牢"。

（2）造假行为是系统性的，延伸到全套"多联式原始凭证"，其"财务联"也送到了会计手中，这就启动了复式簿记的"资产保护机制"了：

如果是本期销售本期收现，那么与之对应的银行存款汇进了哪个账号，或者谁经手收取了现金？

如果是冲销已收的预收账款，单据上指明的客户在本公司账上是否确有预收账款余额？经手人是否得到该客户的授权委托？

如果是赊销，单据上指明的客户是否通过了本公司的信用评估，从而可以将其欠款挂在应收账款上？经手人是否得到该客户的授权委托？

……

为该笔出货配上对应科目的努力，也是寻求对这些问题解答的过程，加上与相关客户的及时对账沟通，很轻易地就能揭露舞弊行为，这就是复式簿记在企业对外交易中所发挥的，难以绕过去的

第 2 讲 问题产品 ERP 剖析

"保护资产"的作用。

取消会计明细账的另一严重后果是,ERP 下的库存明细账与会计总账不符。

我们先来考察类似的例子,从银行存款调节表的编制说起。它是从银行对账单和企业银行存款账开始的,这两个余额可能不一致,因为同一笔款项会有一方已收、已付而另一方未收、未付,或某一方错记、漏记和重记的情况。查清后,调节表为双方分别补上已方未记的款项,改正单方错记、漏记和重记的款项,直至两个余额相等为止。这就说明,银行与企业的两套账具有重叠性或相似性,但在一定时点上,两者之间又可能存在差异。编制银行存款调节表的过程,并不是去修改双方的账面记录使其一致,而是要通过调节表来表现"双方差异可解释"的状态。

与此类似,仓库存货账与会计库存账之间当然也会有差异,原因至少有:

1. 错误的业务处理。双方难免会发生单方的错记、漏记和重记。

2. 未达业务。会计和仓库在相同业务的处理上存在着"时间差",如在月末"货已到,款未付"。仓库是一定要记录的;会计则由于发票等单据未到无法及时记录。

3. 主体差异。仓库管理员的实物保管责任,是以他能够控制的物理空间范围为限的,如上锁的库房和堆场等。其中,除了企业自有的存货,可能还有代管顾客未及提走的存货,暂管尚未通过验收的存货等诸多情况,这都必须构成仓库账的内容;而在会计的存货账上,只记录属于会计主体所有权的存货。两者之间因统计口径上的不同而形成"永久性差异"。

4. 制度差别。由于制度规定不一致而引起的双方差异也常发生,表现在:

(1) 会计上规定的原材料成本口径不仅限于发票价格,可能还要加上其他费用;而仓库对进货金额的记录只能依据发票价格,

原来中国会计就是世界领跑者

对于其他费用单据并不知情；

（2）除了有数量也有金额的业务必须登记以外，会计还必须对只涉及金额不涉及数量的业务也加以记录，如购货进仓后又收到供应商退回的折扣金额，或因故补付给供应商的差价款等，这些业务金额都要调整相应的存货成本；而仓库只登记有实物进出的数量和金额，对上述业务无从得知，更不用说调整了；

（3）"款已收，货未付"的未达业务，在跨月时也有麻烦，会计核算要求当月必须结转销售成本，从而在账上立即注销相应的存货，无论是否已经发货；而从实物角度看，很可能这些存货根本还没有被提走，仓库当然还保持着原有的记录。

5. 舞弊行为。往往单方反映在仓库记录上。

由此可见，仓库和会计对于同一业务的记录脱节，是极为正常的现象。甚至可以说，两者一致只是偶然的，两者不一致才是必然的。所以，最简明的方法当然是，采用两套账分别记录，然后定期核对和解释差异。我们常说"账账相符，账实相符"，所谓"账实相符"，是指仓库账上的数量要与库存实物数量相符；所谓"账账相符"，是指会计账也要有"数量/金额"的双重登记，其数量与仓库账的数量经过核对后，如果有差异，要满足"差异可以解释"的要求。如果发现两者间的差异用正常原因解释不了，那就很可能有错弊发生了，要及时查清，及时处理。

会计为什么也要作"数量/金额"的双重登记？以会计和出纳的关系为例，公司将收入的1万美元交出纳保管，如果会计只用"记账本位币"即人民币登记这一业务，假设按当天的汇率折算为7万元人民币。可是在以后的期间，会计自己需要不断地调整这1万美元的人民币等值，到最后就会连出纳手中该有多少美元都搞糊涂了。而如果采用"数量/金额"双重登记的话，在这过程中，会计账上不变的是这1万美元的外币数量，出纳的保管责任就无可推卸了。

"一账独大"的实质，就是只考虑仓库账，而没有考虑与之有差异的会计账。但差异是客观存在的,其中,仓库账以保管责任为重,有实物数量为据,绝对不可更改;而会计账须确保资产负债表的左右平衡,也轻易动不得,两者间的差异是不可调和的,那么就和火山总要找到突破口一样,两者的差异,必然表现为库存明细账加起来不等于总账。原因只在于,对于会计人员而言,总账才是自己的,明细账却是"别人"的,怎能指望一定会互相吻合呢?而这一现象已使会计界蒙羞,专业声誉严重受损!

2.3 用测试业务来发现内控问题

为了便于读者对企业作内控制度的评估。表 2-1 中,我们以 A 材料为例,列举一些完全可能发生的,导致双方账面差异的业务分别在仓库存货账与会计存货账中登记。请读者观察一下,从"故事开始时"的双方完全一致,到"故事结束时"的分道扬镳,差异是如何产生的。再试着设想,有什么格式能用一套账来同时满足两家的要求,就可以体会 ERP 设计思想的荒唐了。

表 2-1　　A 材料并设两套账的差异　　单位:元

业务说明	仓管员的库存账		会计应保持的库存账			
	数量	金额	数量	借方	贷方	余额
1. 采购进库,发票金额 1 000 元	1 000	1 000	1 000	1 000		
2. 分摊共同采购费用 100 元				100		
3. 仓库被假的提货单冒领	−80					
4. 与供应商交涉质量获赔偿 300 元					300	
5. 某供应商寄存待验收的材料	500					
6. 材料销售,款已收,月末货未付			−100		80	
7. 其他品名出货错记在本品名上	−90					
合　计	1 330		900	1 100	380	720

原来中国会计就是世界领跑者

也许您会说,这些业务未必发生,也未必都发生在 A 材料上,好像哪壶不开偏提哪壶,故意找出来"抬杠"似的。必须承认,确实是这样的,在技术上,这叫"测试业务",常用来检查软件设计是否潜伏着错误。只要在软件中先设置一个品名"A 材料",然后录入在"仓管员的库存账"栏下的这些业务,如果发现与"会计应保持的库存账"栏下的结果不符,并且没法提供发生差异的原因,那就是系统不能通过测试,就是有问题的产品了。您的公司没有发现不符,可能只是因为没有发生这些业务,不代表软件设计就没有问题。

要强调指出的是,审计要超然独立,会计在企业职能中也是超然独立的,因为不管钱物,没有直接利益,不可能"监守自盗",才能有效履行保护资产的职能。在具体安排上,正是有意地通过"两账并设"来考察差异,以便于"后台平行监控"的,"共用一套账"无异于"同穿一条裤",独立性何在?所以,"业务财务一体化"是完全错误的、似是而非的口号。

读者可能会想到,会计人员重新录入数据的工作量难以承受。首先,这不能成为 ERP 取消会计明细账的理由,技术上的理由不能凌驾于保护资产的理由之上。更何况,这本来就应当是计算机的强项,即利用业务部门录入的原始业务数据,在会计人员审核无误后,自动转化为明细级的会计记账凭证,业务和会计间的对账也是可以自动进行的,这就两全其美,也就无须担忧重新录入的劳动量问题了。所以,我们有权要求:**还我会计库存明细账来!**

第3讲
把脉国际会计四大难题

西方财务会计历来有三大难题的说法，即"合并财务报表"、"外币折算"和"通货膨胀会计"，也称为"国际会计三大难题"。近20年来，又出现了一个热度最高的超大难题，即"衍生金融工具会计"，由于这个难题没解答好，已经带来众所周知的世界金融危机恶果，会计界作为替罪羊，也被骂了个狗血喷头。中国会计既是作为世界领跑者，当然要占据"制高点"，态度鲜明地直面这些传统难题，给出自己的建设性解决方案，充分展示过人之处。

有位医生曾戏言他只能治四分之一的病，"不治之症"肯定是治不好的；"难辨之症"如无名肿毒等疑难杂症，连病因都不清楚，只能凑合着碰运气；"免治之症"如一般感冒其实是可治可不治的，装腔作势地打针吊瓶要一周能好，病人不找医生，自己多喝点水也是7天包好；只有"可治之症"才是医生真正能药到病除的。有趣的是，这恰好可以用来为国际会计四大难题分别贴上标签，借用"把脉"一词，则强调应用了中国的"辨症施治"思想。

第3讲 把脉国际会计四大难题

3.1 可治之症:合并财务报表

这是在"控股合并"形式下,由于要求在合并报表中消除关联交易而产生的难题。关联交易的形式有多种多样,有些是可以消除的,有些则在"主流"方法下彻底绝望,根本看不到能消除的前景。我们就以"内部加价销售商品"为例来分析。

假设母公司将成本为 6 000 元的库存商品加价后,以 10 000 元售与子公司,双方作了账务处理后,于月底各自编制了财务报表。根据主流的"合并法",也就是只在报表上调整抵销的方法,要想从两家公司的个别报表,得到公司集团的合并会计报表,首先应作抵销分录如下:

主营业务收入(售出方,母公司)　　　　　　10 000
　主营业务成本(购进方,子公司)　　　　　　10 000

该抵销分录是先假设该批库存商品在本月也由子公司卖出去了,所以抵销掉多余重复的记录,即真正有效并被保留下来的,是子公司的"主营业务收入"和母公司的"主营业务成本"。但是,还要考虑到,母公司在自己当月的核算中,已经因该笔内部加价销售而结算出本年毛利 4 000 元,所以到了月末,还要看看这一"公司间利润"是不是最后真正实现了,判断标志是子公司是否在本月内又把这批货转手售出。如果全部售出,就不用再作其他账务处理,真正实现了;如果全部未售出,就要抵销这一内部利润;如果是部分售出,其余部分未售出,就要按未售出部分所占比例抵销部分内部利润。请读者注意,编制抵销分录是需要以细节为依据的,合并报表操作者是上层的母公司,提供信息者却是底层的子公司,难题就出现了。

子公司除向母公司购买外,也向外部公司购买了同种货物,两

原来中国会计就是世界领跑者

者当然是混合在一起管理的。如果到了月底,已有部分售出、而另有部分还未售出,那么留在手里的是"内部购进的",还是"外部购进的"?两桶水倒在一起,用掉一部分后,还能分得清剩余部分的来源吗?

抵销分录是做在合并工作底稿上的,并不是真正在成员公司的账簿上抵销。所以,第一个月抵销了,第二个月又要问清楚那批货还在不在,如果还是没卖,抵销分录又重做一次。理论上,每个月都要操心历史上每一批内部购进商品的现状,不仅有本月购销的,还要操心上月的,上上月的……直到该批货由子公司卖出去才不再追问。如果公司是百年老店,又不幸有批"内部购进商品"从1911年开始一直忘了卖出去,就更惨了,理论上每年都要在工作底稿上折腾一次。而且,除非对库存商品分批保管,具体辨认,子公司根本回答不了诸如"某年某月内部购进的某一批货卖了没,卖了多少"等细节问题,母公司也根本做不到每年、每月、每笔业务地追问核对。

读者不禁要问,这事最后是怎么收场的?只有一招,那就是仰仗"职业判断"。所谓"职业判断",潜台词就是"这儿没有能够站得住脚、能够一锤定音的正解,您想咋办就咋办吧",凡需祭出"职业判断"之处,必有难言之隐潜伏着,这已经成为"艺术化"会计的遮羞布。合并财务报表还有其他许多无解的问题,例如权益法一旦遇到"交叉持股"便束手无策,因为两家公司都在等对方先算出本年损益以便并入自家报表,这就像"先有鸡还是先有蛋",陷进永远出不来的迷宫了。这些都不必多说,鉴于内部购销商品是发生最频繁、持续影响也最大的一类关联交易,仅此就有足够的理由认为合并财务报表是一大忽悠!中国本是"忽悠"的故乡,此类"玄之又玄"的学术垃圾自己就能造,原本不必引进的。

在满大街都在鼓吹贩卖"公司集团管理信息化系统"时,笔者之所以敢于宣称这是个有待填补的"世界性空白",是基于"人类自己都讲不清楚而随意编造的事,想让计算机来做更是白日做梦"的

第3讲 把脉国际会计四大难题

判断。"而现代上市公司绝大多数拥有对外长期股权投资,需要提供合并财务报表,在落伍的理论和技术手段下,连编制者自己都不相信的合并报表,如何有效保护投资者的利益?已成证券市场监管的一大隐患。"(第1讲)不但会计人觉得自己的工作是在糊弄,毫无成就感,郁闷不已,而且"投资者很生气,后果很严重"。

一个值得注意的奇怪现象是,回顾另外两种购并形式即"吸收合并"和"新设合并",为什么就悄无声息,从来不像"控股合并"出现那么多疑难问题?答案是:这两种形式都"快刀斩乱麻"地将参与合并公司的几套账合成了一套账,回归到传统会计上来了。受此启发,如果我们设法让问题简化,将所有成员公司所组成的集团,称为"公司集团",以"公司集团"作为单一的"会计主体",建立一套"公司集团"自己的账,进行传统的"会计确认",运行传统的"会计循环",编制传统的会计报表,就会发现,原来并不需要那么多达不成共识的争论,也不需要杜撰那些怪诞玄虚的方法,对各种疑难问题,自会有明晰的判断标准,都将迎刃而解。当然,在各成员公司已有会计核算软件的背景下,尽可能利用其会计电子数据,自动导入,减少重复录入工作量,达到最高效率,笔者命名为"公司集团会计学"。

在本丛书之二《原来会计可以这么用》的"公司集团会计之道"中,描述了公司集团应该如何自行设账进行会计核算的总框架,以及编制合并现金流量表的思路。在本书第4讲"公司集团管理信息化"中,除了介绍集团会计信息系统对集团管理的作用外,鉴于消除关联交易是会计系统建账的核心,将进一步介绍消除关联交易的基本原理,读者可以将两书中的相关内容合在一起看,考察公司集团会计学的基本思路,尤其可以有针对性地考察对"内部加价销售商品"的消除是否有道理。至此完全可以宣称,"合并财务报表"已经迎刃而解,想要反对者,除了连会计原理一起推翻外,别无他途。

这是个"完胜","合并财务报表"难题已在中国会计人手中彻底攻克,属于"可治之症"。

3.2 难辨之症:外币折算

会计的"以货币为计量单位",意味着它是以货币作为量纲的。虽然在记录和反映商业活动中最具综合性,却也有些烦恼:即货币单位和其他量纲有所不同,一般的量纲之间的关系是确定的(例如1公斤=1000克),会计上多种"货币计量"之间的换算则是可变的,1美元今天可以兑换6.8元人民币,明天可能只有6.6元了,但这是由两国央行外汇政策和金融市场供求关系等因素所决定。从会计这个层面上来看待,外币折算是个连成因都说不清楚的问题,既然如此,痛快地承认这一事实,采用最简明、最少争议的方法就行了。

对于外币交易的处理,会计上已经有了成熟稳定的做法,尚未明晰的疑难点还在外币报表折算上,属于合并财务报表领域。根据公司集团会计学,记账本位币不同于公司集团所用本位币的成员公司,其数据在进入公司集团核算体系前,要先进行折算,改为用集团会计本位币表述,至于折算所依据的原则,笔者认为《企业会计准则2006》的相关规定已经足够简明。

《企业会计准则第19号——外币折算》第十二条规定:

(一) 资产负债表中的资产和负债项目,采用资产负债表日的即期汇率折算,所有者权益项目除"未分配利润"外,其他项目采用发生时的即期汇率折算。

(二) 利润表中的收入和费用项目,采用交易发生日的即期汇率折算;也可以采用按照系统合理的方法确定的、与交易发生日的即期汇率近似的汇率折算。

按照上述(一)、(二)折算产生的外币财务报表折算差额,在资产负债表中所有者权益项目下单独列示。

第3讲 把脉国际会计四大难题

《企业会计准则第31号——现金流量表》第七条规定：

外币现金流量以及境外子公司的现金流量,应当采用现金流量发生日的即期汇率或按照系统合理的方法确定的、与现金流量发生日即期汇率近似的汇率折算。汇率变动对现金的影响额应当作为调节项目,在现金流量表中单独列报。

如上所述,外币折算对会计而言,应属于"难辨之症",没有必要多操心去作任何的深度探讨,能满足准则要求就行了。不过,为了提高折算精度并强化审计线索,已知自己是集团的成员,其账务数据将来需要作外币折算的公司,在平时的核算中就要为此预作准备,随时保留交易发生日(或现金流发生日)的即期汇率记录,以便于按此折算后,向公司集团会计系统上报数据。笔者建议,最好不采用所谓"按照系统合理的方法确定的、与现金流量发生日即期汇率近似的汇率",因为那还是难免有"忽悠"之嫌。

3.3 免治之症：通货膨胀会计

通货膨胀会计也称物价变动会计,从政治经济学角度看,这一难题起因于货币本身也是商品,其内在价值要受其劳动生产率的影响而波动,而其价值符号——纸币发行数量的随意性更加剧了其不确定性。但与此同时,货币在商品世界中又要承担起"一般等价物"的角色,以自身尚且不确定的状态而出任所有其他商品的"价值代言人",当然是个问题。特别是在币值变化明显的时期,例如通货膨胀或通货紧缩时期,难免对会计所坚持的历史成本原则产生质疑。例如,上月以100元购入商品A,本月若该商品在市场上已值150元,而会计账上仍以购进的历史成本100元列示,当然难以服人。但这是会计界要坚持主流的"货币计量/历史成本"模式所不可避免的代价,更何况各种通货膨胀会计模式自身都存在问题。笔者曾就此问题作过研究,以《历史成本模式不可替代》为

原来中国会计就是世界领跑者

题发表在《中国经济问题》1994年第5期上,当时的结论是:

综上所述,通货膨胀会计数据不是精确可信的数据,今后也很难在精确可信的方向上有所进展,因而,不可寄望过高,当然,笔者并非意在全盘否定通货膨胀会计模式,而是认为历史成本会计模式是不能被取代的,与此同时,通货膨胀会计模式也是有用的,其有用之处,恰在于有助于解决通货膨胀环境中历史成本会计模式下的资本保持问题,补充历史成本数据之不足。例如,股份公司的董事会尽可以选定自己愿意相信的某一种通货膨胀会计模式,得到这一模式下的收益数据,并与历史成本模式下的收益数据相比较,其间的差额就提供了一个粗略的尺度,指明在当期收益中不能作为股利发放,而应在留存收益中分拨为"通货膨胀准备"的金额是多少,通过设立"分拨为通货膨胀准备的留存收益"这一方式,也就大致使企业能重置其生产要素,不至于在通货膨胀环境中自我清算了。它的优点还在于应变能力强,当有迹象表明通货膨胀不可逆转,或这一准备金高达一定程度时,可以将一定数额的准备按一定的程序转为股本,反之,通货紧缩时也可以"解冻"一部分作为股利发放,至于因历史成本会计模式虚增收益而导致的多缴所得税问题,主要的是国家和企业之间的利益关系问题,必要时国家完全可以通过提高所得税起征点或降低税率等方法来解决,这与采用哪一种会计模式无关,也并非会计理论研究所能解决的。(因文章篇幅较大,作为本书附录一,供有兴趣的读者参考)

以上是笔者1994年时的看法,即各种通货膨胀会计模式都有问题,均非精确可信,用来调整特定企业的历史成本收益数据,当然也有疑问,充其量只能"模糊修订"历史成本模式下的收益数据。在我们转移到现金流立场上,能够得到溢余现金的今天,就会发现这个问题已无关紧要,简明的原则是不要全部花完算出来"赚到的钱",还要让公司接受其所属市场的实际测试:排除外源性现金规模的变化,能够在原生产经营规模上支付补进存货、发放工薪等维持生产经营的费用,即能够维持简单再生产的前提下,如果还有富余的现金,就说明公司跑赢了通货膨胀,才可以用来分配;反之,如果不能维持简单再生产,则说明公司资产正在被通货膨胀所吞没,千万不要以为账面上有"净利润"就可以分配,那是在自我清算。

所以,由于现金流会计出现,连另作通货膨胀会计核算都不再需要,通货膨胀会计这个传统难题像冰山一样,出乎意外地自动消融于无形,属于"免治之症"了。"悄悄地我走了,挥挥手,不带走一片云彩"。

3.4 衍生金融工具简说

对于财务会计的第四大难题,即"衍生金融工具会计",会计实务界的读者可能觉得较陌生,在评说以前,先摘抄《企业会计准则第22号——金融工具确认和计量》的有关定义是有必要的:

第二条 金融工具,是指形成一个企业的金融资产,并形成其他单位的金融负债或权益工具的合同。

第三条 衍生工具,是指本准则涉及的、具有下列特征的金融工具或其他合同:

(一) 其价值随特定利率、金融工具价格、商品价格、汇率、价格指数、费率指数、信用等级、信用指数或其他类似变量的变动而变动,变量为非金融变量的,该变量与合同的任一方不存在特定关系;

(二) 不要求初始净投资,或与对市场情况变化有类似反应的其他类型合同相比,要求很少的初始净投资;

(三) 在未来某一日期结算。

衍生工具包括远期合同、期货合同、互换和期权,以及具有远期合同、期货合同、互换和期权中一种或一种以上特征的工具。

传统的金融资产和金融负债对会计人员而言不是新问题,新的难点在衍生金融工具上,究竟衍生工具是什么?在本书附录二

原来中国会计就是世界领跑者

中引用了叶永刚主编《衍生金融工具概论》第一章的内容,读者可以对其内容和作用有具体的感性认识。

大约从 20 世纪 80 年代以来,美国金融业加快了金融工具创新的进程,有必要提请会计从业人员注意的是下述三个特点:

一是复杂难解。不仅金融行市瞬息万变,新概念、新业务和新规定也层出不穷,并且随时都可能有变化和修订。**"即使是华尔街的某一行业的专业人员,也不是对全部行市都能看懂的,例如,精于一般股票交易的,未见得对期货交易和期权交易有很深的了解,正如我们所说的'隔行如隔山'"**。这是早在 1981 年访美考察归来的我国金融专家唐雄俊教授在《美国金融市场新知识》(上海翻译出版公司 1986 年 4 月)"作者的话"中的描述,从那时开始,直到现在,金融工具创新都处于爆炸式的增长中,其复杂难懂的程度就更不用提了。

二是风险极大。衍生金融工具为参与者达成目标提供了很大的方便性和灵活性,极其诱人。但要强调的是,衍生金融工具尽管千奇百怪,却是万变不离其宗,参与者总是身处"零和"的游戏之中,天上不可能掉下免费的馅饼,只要有人欢喜欲狂,必然有人痛不欲生,所以,绝对不要过度吹捧衍生工具,因此而造成巨大损失的案例已经不胜枚举,美国就不用说了,英国巴林银行、法国兴业银行和中国中航油等也都因此栽了大跟斗。

三是与金融业创新相配套的人才环境。在自然科学的某些领域(以物理学和数学为代表)里,正好似乎走到了进展维艰,只能等待有"大智慧"的天才人物"横空出世",带领芸芸众生来打开局面的地步了。

以物理学为例,我们不难感受到经典物理学之美,"声光电热"等诸多现象可以互相换算,可以在统一的框架内得到解释和预测,其实际应用更是丰富多彩,大大地造福于人类社会。但是,当这一切都实现之后,一个更大的基础研究难题出现了:是谁把这一切安排得如此美妙精当?又是如何做到的?这就是所谓"第一推动力"的问题。牛顿也回答不了这个问题,只能想象有"造物主"的存在。不久前,有北京大学某毕业生皈依佛教,网络上讨论得很火热,视为奇事。众人有所不知,此类故事其实早就一再出现过。北大物理系本科某届在毕业多年后的同学会上,发现同班同学已有三位进了宗教界,两位是神父,一位和尚,大家却视为寻常事,因为圈子里本来就有戏言"物理学的最高境界是神学"!

以数学为例,似乎也只剩下一些让众人束手无策的经典老大难问题了。陈景润先生痴迷一生想要证明"哥德巴赫猜想",虽然只做到"1+2",尚未达到"1+1",却不但是"前无古人",很可能也是"后无来者"的(据林群院士的评价),如此之大的学术难度,有志的后来者再把自己的一生都投进去而"颗粒无收"的可能性有多大?

在主业"不容易出头"的大背景下,这些精英中的一部分人难免会考虑"学术移民",以其高智商到其他领域玩玩"小聪明",只是"小菜一碟"的事,何乐而不为呢?"不差钱"的金融业自然成为首选之地,诺奖得主李政道先生通过"中美联合招考物理学研究生"吸引到美国学习的人才,据说有大半流落到金融界了。而他们的看家本领就是玩数学模型,这也成为金融业创新的最明显特点。

3.5 不治之症:衍生金融工具会计

会计有没有能力将衍生工具纳入核算,是我们首先要判断的。应当说,会计作为至少已经存在 500 多年的信息系统,其目标、功能与结构已经定型,当然也有些限制性的运作要求:

其一,要有金额可供记录,这是它"以货币为计量单位"的特点所决定的。而如前节的定义所述,衍生工具**"不要求初始净投资,或与对市场情况变化有类似反应的其他类型合同相比,要求很少的初始净投资"**,所以从理论上说,完全不是会计应该反映、或者不

原来中国会计就是世界领跑者

是应该重点反映的对象。

其二，在传统上，对于还没有执行的合同，会计是不在报表中反映的。例如，即使销售合同已经签订，哪怕是超级大单，只要还没有发货，会计账上一向是不予理睬的。而前节的定义告诉我们，衍生工具只是"合约"，按会计惯例，也与财务报表无关，没有任何理由特别为其"大开山门"，充其量只能作为表外附注项目。而且，即使作为表外附注项目，根据稳健性原则"不预计可能有的收益，而要预计可能有的损失"，对衍生金融工具可能带来的收益是不该列出的，对其可能招致的损失则要充分估计，列为"或有损失"。

其三，退一步说，对于将衍生工具纳入会计核算，如果能提出理论上站得住脚、实践中可操作的规则，当然也可以考虑改变会计信息系统，也尚可容忍传统会计阵脚暂时性大乱的后果；只是，如果达不到这样的效果，反而因小失大，那又何苦来着！所以，我们再来看看是不是有这样的规则，实际上达到的效果又是如何。《企业会计准则第23号——金融资产转移》可说只是个国际会计准则的中译本而已，试抄一段如下：

第九条　企业既没有转移也没有保留金融资产所有权上几乎所有的风险和报酬的（即不同于本准则第七条所指情形），应当分别下列情况处理：

（一）放弃了对该金融资产控制的，应当终止确认该金融资产。

（二）未放弃对该金融资产控制的，应当按照其继续涉入所转移金融资产的程度确认有关金融资产，并相应确认有关负债。

继续涉入所转移金融资产的程度，是指该金融资产价值变动使企业面临的风险水平。

第十条　企业在判断是否已放弃对所转移金融资产的控制时，应当注重转入方出售该金融资产的实际能力。转入方能够单独将转入的金融资产整体出售给与其不存在关联方关系的第三方，且没有额外条件对此项出售加以限制的，表明企业已放弃对该

第3讲 把脉国际会计四大难题

金融资产的控制。

"既没有转移","也没有保留",而又"继续涉入"的,该是一种什么状态?固态、液态和气态以外的第四态吗?

在判断转入方出售该金融资产的"实际能力"之前,转出方自己怎样才能先具有判断的"实际能力"?别人家里的事,我们管得着吗?

阅读这类纯属"扯淡",不说人话的会计准则条文,真有糟践中国文字、侮辱读者智商之感。不过,平心而论,这板子不该打在中国的会计准则机构身上,因为英语原版措辞就是这么"滥",要有更好的译法也难以做到。可是,"以其昏昏",岂能"使人昭昭",连文字都让人看不懂的会计准则,还能在具体操作上有丝毫的指导意义吗?

可见,"世上本无事,庸人自扰之",由于会计信息系统的构造特点,衍生工具从本质上就与会计无关,It's none of our business!可能是在急于表明已经大赚钱的利益集团的压力下,在主子 SEC 的授意下,美国财务会计准则委员会(FASB)为了完成"政治任务",不惜颠覆基本的会计理念,以便将金融衍生工具纳入财务报表。在一国独特政治环境中产生的会计准则,本来就未必能够"放之四海而皆准",国际会计准则委员会却鹦鹉学舌似地收纳了,正处于"趋同"过程的中国会计也因而深受其害。

如上节所述,衍生工具广泛应用数学模型,是极其复杂难解的,这种连具有深厚数学背景的金融界专业人士都玩不好,动不动就捅出大娄子的业务,现在就要求只习惯于四则运算的中国会计界去适应和掌握,比"赶鸭子上架"还要过分,是完全不合中国国情的。而且,这本来就不是会计该处理的业务,会计也不具备应对此类业务的能力,中国古训素有"没有金刚钻,不揽瓷器活"之说,FASB 不自量力,已经玩火失控,"搬起石头砸自己的脚"了,中国会计人何必硬要跟着往火坑里跳。只要这么说就行了:赚钱才是硬道理,等您真正赚出钱来了,我再对外报告,OK?

所以，在笔者看来，衍生金融工具会计难题属于"不治之症"。请读者别小看这个结论，在科学史上，论证什么事是做不好的，有时也是重大的学术贡献，因为可以避免资源的继续无效耗费，例如物理学上的"海森堡测不准原理"。更何况，这个判断能有效避免世界金融危机的再次发生。

有鉴于此，谨向中国会计准则制定机构进一言：**有关衍生金融工具的企业会计准则绝对应当缓行！**没有任何理由迫不及待地盲目趋同，万一中国版金融危机发生，当有人要被问责，被钉在历史的耻辱柱上时，让我们祈祷中国会计人不会成为替罪羊。

3.6 科学方法才是"公认"的会计原则

在笔者看来，会计是兼有社会性与技术性的领域，其牵涉到利益分配的社会性（更精确地说是"政治性"）决定了在任何问题上，都会有人想通过把水搅浑，以便浑水摸鱼，取得好处。通观美国会计思想史，感觉就是一部政治斗争史，无聊的论争永无休止。1995年，笔者曾发表《论会计的社会性与技术性》，指出FASB重在"玩政治"的实质：

在财务会计领域，社会性对技术性的统驭关系集中表现在"公认会计原则"的制定（或"会计制度"的制定）上。由于某一会计程序或会计方法的采纳、废除或修订均可能改变财务报表数据，从而对某些利益集团产生有利的或不利的影响，它要受到支持或招致批评也就在所难免。以美国的情况为例，早期的"公认会计原则"的制定机构"会计程序委员会"(CAP)和"会计原则委员会"(APB)均因不断地受到批评而中止工作。笔者分析，后来居上的"财务会计准则委员会"(FASB)之所以略显高明，在于它对每一份"财务会计准则公告"的制定沿用了美国的立法惯例——"正当程序"(due

第3讲 把脉国际会计四大难题

process),其大致的步骤是：

......

以上过程实质上是各种社会集团表达其支持或反对的意见，提出修正案，施加其影响，并达到相对平衡的过程。这个问题处理好了，公认会计原则就能大体上得到贯彻，否则仍难免遭到批评乃至否定。FASB 于 1977 年发表的第 19 号财务准则公告因有关方面强烈反对，仅过了 8 个月便被证券交易委员会(SEC)宣布无效，就是一个典型的反例。

概括地说，作为会计社会性的表现，各有关利益集团(或影响集团)的要求集中反映到公认会计原则的制定过程中，达到一定程度的平衡，继而通过公认会计原则传递到财务会计的技术性处理上，对财务会计的数据处理起规范或限制的作用。此时，有关财务会计技术面的研究只能是一种"遵命会计"。以存货计价为例，从技术上说，可以提出具体辨认法、加权平均法、先进先出法和后进先出法等各种可行的方法，但实务中是否允许采用某一种或几种方法，则完全是由公认会计原则所决定的。(全文请见附录三)

不过，上文是笔者本人也深陷应计制思维时的"巅峰之作"，尽管曾收获不少喝彩声。在跳出应计制泥淖，回到现金制坚实立场上之后，当时的有些看法要推翻了，现在更应该写的是《论会计的科学性与社会性》，阐明只有科学才具有"一锤定音"的权威性，科学的会计方法才是真正"公认"的会计原则，FASB 以政治手法来决定会计方法是否"公认"，犯了方向性的错误。因为科学的实质是"再现"，用会计的行话就是"谁来做账，都能得到同样的结果"。根据归谬法的逻辑，如果某种方法所得到的结果无懈可击，结果与之相异的其他方法必然是错的，将自行退出历史舞台。至于它是由什么权威机构发布的，有没有带着"国际惯例"的光环都无关紧要，没必要盲目地顶礼膜拜，中国本是国际大家庭的一员，我们自己在做的事也是"国际惯例"。

从美国的情况不难看出"利令智昏"的趋势，呈现出在解决问

原来中国会计就是世界领跑者

题大方向上老是出错的倾向，不该插手的想插手，没本事管的也想管，该正经做好的，又因为"化简为繁"的落伍思路而束手无策，这大约是因为"玩政治"不需要注重智商的缘故吧。所以，问题真正得到解决，还要从技术角度入手，实事求是地认识和解决问题，由于某种个人原因而不愿意赞同者，即使想要兴风作浪，也只能哑口无言，这就是"科学性"对"社会性"的统驭关系。

第4讲
公司集团管理信息化

公司集团虽然不是法律主体,由于需要对外提供合并财务报表,更由于公司集团管理是全局性的管理,有着不同于母公司管理的特点,需要依靠准确充分的全局性信息,客观上它是一个会计主体,所以需要脱离母公司本部的核算,独立设账,进行自己的会计核算,提供自己的合并财务报表,更重要的是在此基础上,可望大大提升集团的战略管理水平,可称为"公司集团管理信息化"。

第4讲 公司集团管理信息化

4.1 需要澄清的基本概念

A公司对B公司投资并拥有后者的控制股权时,A公司是母公司,B公司是子公司,两者共同构成"公司集团"。可见,公司集团是因为投资等纽带而相互关联的"一篮子"公司,以拥有对外股权投资的母公司为核心,有时甚至会有两个或两个以上的母公司(例如交叉持股的情况),所以母公司不同于公司集团,除了它是"合并财务报表主持者"这一角色之外,严格地说它只是"众多独立法人公司所构成的集团"中的普通一员,用"母公司本部"来代表,可能更准确些。

在工商管理登记中,有一种"集团公司"的提法,它也不是"公司集团",实际上还是"母公司本部",只不过因为符合有关规定,被政府允许登记为"集团公司"以示其资本雄厚、规模宏大、拥有众多分公司或子公司而已。当此类集团公司的属下都是全资分公司时,该集团公司实质上还是从上到下无缝的单体公司,虽然集团公司也需要在内部进行各分公司的模拟独立核算,也需要有"统一"和"分散"两种状态的信息,此类单体公司的会计核算将在第5讲"换代的新会计信息系统"讨论,不是本讲所要研究的内容。

不过,当该集团公司同时也拥有独立法人的子公司时,"母公司本部"和"子公司"就构成了真正意义的公司集团,是本讲所要重点研究的。

当然,最终要形成的,是将分公司与子公司均视同为"分部"的"统分有序的会计信息",信息流设计突破公司的独立边界,这样才有利于全盘管理。

同样地,公司集团管理也不同于母公司管理,而是对这"一篮子公司"的全盘管理,在业绩评价与考核、预算管理、资金统一调度和投资决策等方面都超出了管理母公司的范围,有许多的经济活动都是通过集团这个平台进行的,因此有其特殊的管理视角。

4.2 公司集团管理应独立于母公司管理

因为种种的现实理由,才需要由"独立公司"组成"集团",形成这样的相互依存结构。虽然公司集团的掌门人仍是母公司老总,尽管他精于母公司本部的业务,也精于母公司本部的管理,在他转而思考公司集团的全局性问题时,应当充分意识到,公司集团管理不是对单体母公司的管理,而是对"一篮子公司"的战略性管理,自己已经不可能直接插手所有成员公司具体的生产经营,也不可能具备集团成员所在的全部行业的管理技能,所以应当从对"母公司本部"的管理思维中超脱出来,自觉地改换立场。公司集团管理的特殊之处在于:

在投资决策上,更关注的不是专业工艺方面,而是行业性的投资方向以及项目的可行性研究,特别是关于净现金流的研究。

在业绩考核上,更关注的不是净利润,而是具体地考察每家成员公司是否真正赚钱了,整个集团是否真正赚钱了。

在资金管理上,更关注的不是成员公司的资金情况和融资能力,而是集团整体的融资能力和利用效率。

在组织结构上,更关注的不是直接管理单家成员公司,而是通过事业部制来分别进行多元化的管理。

在物流管理上,更关注的不是成员公司的情况,而是围绕事业部建立整体性的供应与销售平台,以充分发挥规模经济效应。

公司集团管理的独特之处还在于,一旦发生成员公司之间的交易,原来简明的关系便因而扑朔迷离,产生一系列很难搞清楚的疑问:

手头究竟能调度多少现金?

究竟赚到了多少钱?

财富总值究竟有多大？

对下属单位如何考核真实的绩效而不被蒙骗了？

......

这种管理上的超脱性和独特性，正是以"货币为计量单位"，最具综合表现力的会计信息优势之所在，所以，公司集团管理在很大程度上是"基于会计信息的管理"。但是，由于公司集团不是法律实体，长期以来，其管理的特殊性未能得到特别重视，往往只是依附在母公司管理之上，借助于不太可靠可信的各类业务报告来形成"模糊印象"，进行"模糊管理"，两者毫无章法地混同在一起，其管理手段也就格外单薄，还存在许多有待补强的薄弱环节，因此更需要信息化手段的支持。

在各类内部报告中，会计报告是有原始业务单证直接支持的，能提供充分的审计线索的，从而也是最准确可信的。在信息技术手段支持下，可以最大限度地利用从包括母公司本部在内的下属成员公司的电子数据，自主建账，这样不但可提供准确可信的合并财务报表(特别是合并现金流量表)，还能通过双轨制会计核算软件，直接满足公司集团管理的各种特殊信息需求。

4.3 加强会计基础工作

因此，公司集团作为会计主体，也需要做好会计基础工作，具体表现为：

1. 事先公布组成集团、并参与合并报表的成员公司名单。

2. 在底层的成员公司和上层的公司集团均设有会计人员，成员公司的会计人员负责处理上报自己公司的电子数据，并及时识别关联交易，按照预定的关联交易报告格式，定期向集团层报告；集团层的会计人员则负责对关联交易作配对检查，操作系统自动生成必要的记账凭证，或手工录入必要的记账凭证，进行永续的会计核算，直至产生公司集团自己的财务报告（即合并报表）。不过，由于公司集团会计核算的信息化程度极高，只需要在集团层配备极少的人手，便可轻松完成。

3. 记账本位币不同于公司集团所用本位币的成员公司，其数据在进入公司集团核算体系前，要先进行折算，改为用集团会计本位币表述。所以，已知自己是集团成员公司，其账务数据将来需要作外币折算的，在平时的核算中就要为此预作准备，随时保留交易发生日的即期汇率记录，以便于按规定折算后，向公司集团会计系统上报数据。

4. 公司所在国度的会计年度不同于公司集团会计系统的会计年度的，要选取与公司集团相同会计年度的账务数据来上报。

5. 整个核算过程要确保信息的可取得性和可稽核性，提供充分的审计线索，就像单家公司的会计核算一样。其中，如何消除关联交易，消除过程是否有道理，是人们最关注的重要课题，将从4.5"关联交易简说"开始逐一述及。

4.4 基于会计信息的管理

有了自己的信息系统之后，公司集团就可以从事"基于会计信息的管理"了。在这一方面，公司集团老总和财务总监们身临其境，身经百战，自然会有很多的感触和困惑，也会对这样的信息系统注入管理智慧和经验，不断提出新的信息需求，促使其不断改进，从而充分提升其价值，这是完全可以预见的。笔者目前只能从理论上简要描述。

一、投资项目的评价

公司集团的投资项目大抵有两类，自行投资建造，购买已运行公司的股权。

（1）对于自行建造项目的可行性研究，有管理会计介绍的净

第4讲 公司集团管理信息化

现金流法,其实就是在不考虑资金来源构成前提下的"溢余现金"。首先是投产前有一系列的现金流出(初始投资额);在项目投产后就开始既有现金流入又有现金流出,如果某一期间的现金流入大于现金流出,这个差额就代表项目就开始赚钱了;直到进入某一期间,各期的赚钱累计数超过了投产前的初始投资额,就是原始投资得到回收;从完成回收的这个时点开始算起,直到这个项目清盘时,在此期间的赚钱总数就是这个项目的全部溢余现金。这样的算法本来是谁都能听懂的,投资后果也是很容易考察的。

可惜,在应计制下的财务会计核算只能给出净利润,项目一旦投入运营,就"有头无尾",得不到净现金流数据了,所以投资决策的结果一向无从判断,决策水平也就很难提高。正如美国会计学会前会长井尻雄士教授说的:"**投资决策开始是基于预测的现金流量,然而,涉及业绩评价时,利润流量却成为主要的数据源。令人困惑的是,从一个基准上看是好的决策,可能从另一个基准看是差的。**"现在就不同了,溢余现金已经可以贯穿始终了,从公司集团的角度看,一个子公司往往就是一个投资项目,可以选定任意的时间起点和时间终点来编制溢余现金表,例如,从投资开始到最后清盘为止的,从投产开始到目前期间的,也可以是各个会计期间的,以便于从各方面考察这个投资项目的全面情况(不考虑关联交易因素)。

(2) 购买已运行公司股权的投资方式,对目标公司的评价标准当然有很多,其中最重要的标准之一,是考察目标公司的赚钱能力,因不慎而购得"现金黑洞"公司会成为投资者的噩梦,除非购得后自己确有本事改造之。所以,要根据目标公司经过"汪—张等式验证"的现金流量表,计算其溢余现金和净溢余现金,可能时还应当要求目标公司提供"溢余现金分部报告",以便更细化地评价。限于篇幅不拟展开,请参阅本丛书之二《原来会计可以这么用》第2讲"以赚钱能力论英雄"的相关内容。

二、对下属成员公司的业绩评价与考核

如果考核净利润的话,为了应付考核指标,成员公司之间可能串通起来,通过关联交易随心所欲地"应收账款与收入同步增长",制造账面利润共同致富,游戏目的是"儿子联手骗老子",因为谁都知道内部应收账款是没什么风险的。对这种自发的关联交易是很难识别和遏制的,考核也就难免落空。

更简明的评价方式还是"赚钱"。公司集团下属独立核算的分公司,或独立法人子公司,无论它开设了多少账户,均可视为一个"现金池",这现金池是个"黑箱",如何具体经营是下属经理的事,不必多管。公司集团只要将对该现金池的权益性投入,记录在其账上,然后关注"黑箱"另一端的输出,即从该现金池共收回了多少现金,也就是重在考核"溢余现金",结果便与考核"净利润"完全不同。尽管由于关联交易,各现金池之间的现金流量同样会有"内循环",但这是真实可信的,因为是"零和"的游戏,至少要有一家成员公司愿意让自己的现金不断流出,游戏才能进行下去,没有人愿意当这样的"冤大头",所以,不断加价的自主关联交易会自动中止。可能继续进行的,主要是上下游企业之间,如"油气田—炼化—成品油气销售",在产业链上的关联交易,从考核下属的角度,此类交易可视为正常的市场交易,因为自有顾客前来提供那最后一环的现金流入。

三、公司集团资金集中管控

当前,公司集团采用"收支两条线"等类似方式加强资金集中管控较为常见。一般是通过自己的财务公司(内部结算中心),或商业银行提供的现金池服务,在各成员公司间调剂资金,互通有无。其明显的好处是能够有效避免下属公司有现金的暂时不用,缺现金的却要另外贷款,最后产生整个集团高额存款与高额贷款并存,财务费用居高不下的怪现象。此类业务本来就是纯粹的现金流业务,可以说合并现金流量表正是公司集团理财活动的"会计核算",清晰描绘现金之"何所为而来,何所为而去"的总图景,如果

与预计合并现金流量表配合,就可以实现全集团资金的预算管理了。

四、公司集团整体的财务状况和经营业绩

公司集团专用的会计信息系统能够进行永续性的核算,提供合并资产负债表、合并利润表和合并现金流量表,所以能完全发挥会计的功能。特别是仍可沿用"溢余现金"的思路,"合并溢余现金"明确无误地反映了集团赚钱的总效果,回归正确的市场价值。

4.5 关联交易简说

判断一项交易是否关联交易,要符合两个条件:一是必有交易双方存在;二是交易双方同属集团"圈子"里的成员,也就是在同一个"控制意志"的掌控之下。

当公司作为独立的市场主体时,当然会从自身利益出发来"讨价还价",因此,双方的行为要互相牵制,在价格和交易条款的形成等方面是客观的。在此基础上所作的账务处理、所编制的会计报表也就具有相当的真实可信性。

一旦企业间形成控制与被控制的关系,情况就不同了,原本在法律上相互独立的企业群体,转而共同服从于"控制意志"。在其调控下,它们的权益被捆绑在一起,相互之间的交易都要服从于全新共同体——"公司集团"的最高利益。从而,它们原有的定价权、财产权等独立权力荡然无存,在交易时,从相互"讨价还价"变成由控制意志确定的"不二价"。

值得指出的是,在这一过程中,它们原本独立的法律主体外壳并未因此而变化,容易使人们误以为:交易仍然是基于平等的市场契约关系,独立决策完成的,其财务报表仍然是客观可信的。此外,掌握控股权的"控制意志"作为大股东,也可能通过关联交易损

原来中国会计就是世界领跑者

害少数股东的利益。所以,为了了解隐藏在表面现象之后的真实经营情况,财务报表使用者只能着重考察权益共同体即"公司集团"的报表。从公司集团立场看,关联交易都是"内部"的流转,就像从一个人的左边口袋转到右边口袋一样,是毫无意义的关联交易,如果公司集团单独出会计报告的话,当然不能直接简单地汇总各家报表,消除关联交易后的汇总才是可信的,这就是"实质重于形式"的哲理。

当然,有时会有这样的情况,在交易之前,双方并不在同一圈子中,经过此项交易(典型的是直接的股权投资业务)之后,双方都成为集团的成员公司,则该项交易也属关联交易,也须作消除处理。

另一种特殊情况是"未达业务",假设已知交易双方都是集团的成员公司,A 公司向 B 公司供货,并在当期已作销售入账;但 B 公司会计部门由于单据传递或实物验收滞后等原因,在本期对此业务尚一无所知,当然无从在同期入账。这种情况只要查明属实,当然也是关联交易。不过可以实事求是地分期单边消除关联交易,即本期先消除已入账的 A 公司的关联交易记录,下期再消除后来入账的 B 公司的关联交易记录。

在本丛书之二《原来会计可以这么用》第 3 讲"公司集团会计之道"中,已经详细介绍了如何利用 IT 手段为公司集团建账核算的一系列问题,也专门介绍如何编制合并现金流量表的问题,本讲进一步介绍"$n+1$ 套账"方案下消除关联交易的基本原理。

所谓"$n+1$ 套账"方案,是指组成集团的 n 家成员公司分别将自己的全套账以"明细试算平衡表"方式打包上报,就代表了 n 套账,但其中已经包含了不该出现的关联交易在内,所以集团系统还要另设一套账来容纳消除关联交易的记账凭证,方法是编制负数记账凭证来抵销原凭证的影响,并容纳自己该做的其他记账凭证,这"$n+1$ 套账"构成公司集团会计系统的全部账务数据。

"$n+1$ 套账"方式以打包上报的成员公司账为数据来源,但在

第4讲 公司集团管理信息化

其中,不仅直接的关联交易记录要消除,因关联交易而产生的后续影响也是要消除的,以便回到关联交易还未发生以前,即"一方未买,一方未卖"的"原生态"。这里最难的,就是关联交易的后续影响不易追踪,很容易被忽略,诗云"恨不相逢未嫁时",说的也是想要回到原来的"清纯状态"之难,这是我们特别要关注的。

从下节起,列举一些典型的关联交易业务实例,读者在考察时要这么理解:**假设本期两家公司除了这一笔业务以外,没有再发生任何其他业务,为了消除两家账上的关联交易记录及其后续影响,使之在公司集团账上"消失"得无影无踪,这么处理是否有道理,能否成立**。为便于读者举一反三,灵活应对实务中的各类疑难问题。对于常见的每一种关联交易,都会有如下内容:

1. 对业务的简要说明。

2. 双方的关联交易报告格式。体现在自己账上相关记账凭证的细节性内容。公司集团会计系统要事先针对参与业务的成员公司设置好报告格式,这是一次性定义好的,个性化地体现成员公司两两之间的交易,要求有对方成员公司名称,本公司登记此类业务所使用的账户(金额为零时可不填),表中的"+/-"栏是中国流复式簿记的内容,就是记账符号"左/右"在进入计算机后,分别等价于"+1/-1",将以"记账符号赋值与原始金额的乘积"即复合金额表现出来,特别适用于计算机运算。

关联交易双方可以在每一笔业务发生时便分别报告,也可以按月度汇总后,每月报告一次。不过,为了便于在集团层面对关联交易报告作两两的配对检查,双方对某种业务的报告方式要有事先约定好的一致做法。

3. 根据关联交易报告,公司集团核算系统应当生成的记账凭证,以消除关联交易。

4. 对消除关联交易的记账凭证分别做理论上的说明。读者可以根据凭证号依次查看,为什么要这么做。公司集团管理信息化当然是在很大程度上依靠计算机来做事的。但让计算机做事的过程,是先要有个"数据逻辑模型",表明数据怎么组织,从哪里取数,做什么处理,处理后的数据存储到哪里,等等,然后才是计算机利用其高速的数据处理能力与数据传输能力来实现这个模型。这个模型是计算机系统的"灵魂",人类也可以借此判断计算机是否做对了事,这个系统是否有价值。所以,尽管公司集团消除关联交易的记账凭证将大多数是自动生成的,还是有必要详细列出其内容并加以说明,才能让读者相信,这样的信息化系统是符合会计原理的,是按照自己的意愿在做事的。

4.6 直接投资的控股合并业务

一、简要的业务说明

这里所说的"直接投资的控股合并业务",指是的投资公司对被投资公司直接注入资金并达到控制股权的程度。因为双方都要在各自的账上登记这一业务,并在同一控制意志下了,这笔业务本身就是关联交易,在进入公司集团会计系统时要先行消除。

二、双方的关联交易报告格式

假设投资方公司以 1 400 000.00 元取得被投资方公司 60%的股权,按实收资本折算为 1 200 000.00 元,其余 200 000.00 元计入资本公积。双方分别提供下述报告,如表 4-1、表 4-2 所示。

表 4-1

被投资方公司的关联交易报告　　对方成员公司:A 公司

单位:元

会 计 科 目	+/-	金　额
银行存款	+	1 400 000.00
实收资本	-	1 200 000.00
资本公积	-	200 000.00

第4讲 公司集团管理信息化

表 4-2

投资方公司的关联交易报告　对方成员公司：B 公司

单位：元

会　计　科　目	+/−	金　　额
长期股权投资	+	1 400 000.00
银行存款	−	1 400 000.00

三、公司集团会计系统应当生成的记账凭证

公司集团对双方的关联交易报告作配对检查，确认无误后，应生成表 4-3 所消除的记账凭证。

表 4-3　　　　　　　　**应生成的消除凭证**　　　　　单位：元

对应于被投资方的消除凭证	对应于投资方的消除凭证
（1） 银行存款　　−1 400 000.00 实收资本　　−1 200 000.00 资本公积　　　−200 000.00	（2） 长期股权投资　−1 400 000.00 银行存款　　　−1 400 000.00
需要公司集团另作的记账凭证	
无	

四、对消除关联交易的记账凭证的说明

（1）号凭证：银行存款并未实际增加，只不过是从公司集团的一个账户转到另一个账户而已；"实收资本"及"资本公积"的金额本来也已经在投资方公司账上登记在案，上报后就是公司集团账项的自然组成部分。要在被投资公司账上，将其中的部分金额再重复登记一次显然也是多余的。所以用负数记账凭证来消除。

（2）号凭证："对子公司股权投资"与公司集团账户无关，本该消除；"银行存款"实际上并未减少，只不过是从公司集团的一个账户转到另一个账户而已；这一银行存款金额原本也是公司集团账项的自然组成部分，现在要在投资公司账上再作登记也重复了。所以用负数记账凭证来消除。

顺便说明,另有一类"间接投资的控股合并业务",是指投资方公司从第三方手中间接地取得被投资公司的控制股权。这一业务本身并非关联交易,因为不存在"圈子里的双方交易",而是投资方公司与被投资方公司的股东之间的交易,而后者并不在"控制意志"之下。不过,在这一业务发生之后,投资方和被投资方就在同一"控制意志"之下,它们之间的交易以后就是关联交易了。

从被投资公司的角度,它是在合并日以前先行得到了原股东的现金,并在当时已作了相应的账务处理,现在就只需要作股权变更的工商登记和备忘记录。

从投资公司的角度,在合并日作如下处理:

长期股权投资
  银行存款

这是从公司集团外部购进的行为,银行存款也是实实在在地用于对外支付的,因此该笔业务不是关联交易。不过,公司集团在将被投资公司的账项并进会计系统时,要消除其中重复冗作的项目,主要是投资方公司账上的"长期股权投资",和被投资方公司账上与这一项目对应比例的"实收资本"、"资本公积"、"盈余公积"和"利润分配"等项目,在此忽略不提。

4.7 内部销售商品业务

一、简要的业务说明

内部销售商品业务是公司集团成员公司之间最经常发生的业务类型,分别处于产业链上下游的成员公司需要通过此类业务完成商品传递,由于管理上的某些原因,也需要借助于这种业务类型来达到目的。不过,从公司集团是独立会计主体的角度看,此类业务相当于商品从自己在A公司的仓库转移到自己在B公司的仓

第 4 讲 公司集团管理信息化

库,不存在核算意义,所以需要消除。

内部销售商品会有加价、原价和降价三种情况,以下介绍的处理方式可以将三种情况都包容在内。在原价销售的情况下,有些记账凭证金额为零,也就是说不必编制而已。

二、双方的关联交易报告格式

假设内部销售方 A 公司将历史成本为 6 000 元的存货加价 4 000 元,出售给内部购进方 B 公司,双方分别提供下述关联交易报告,销售方 A 公司还要填写与该销售收入对应的销售成本。如表 4-4、表 4-5 所示。

表 4-4

内部销售方关联交易报告　对方成员公司:A 公司

单位:元

会 计 科 目	+/-	金　　额	成本金额
银行存款	+	11 700	
主营业务收入	-	10 000	6 000
应交税费——应交增值税(销项税额)	-	1 700	

表 4-5

内部购进方关联交易报告　对方成员公司:B 公司

单位:元

会 计 科 目	+/-	金　　额
库存商品	+	10 000
应交税费——应交增值税(进项税额)	+	1 700
银行存款	-	11 700

三、公司集团会计系统应当生成的记账凭证

根据双方关联交易报告提供的数据,公司集团会计系统在进行配对检查后,应当生成如下起到消除作用的记账凭证(1)~(7)号,如表4-6所示。

原来中国会计就是世界领跑者

表 4-6 应当生成的记账凭证 单位：元

对应于售出方的消除凭证		对应于购进方的消除凭证	
(1)		(5)	
银行存款	－11 700	库存商品	－10 000
主营业务收入	－10 000	应交税金－应交增值税	
应交税金－应交增值税		（进项税额）	－1 700
（销项税额）	－1 700	银行存款	－11 700
(2)		(6)	
主营业务成本	－6 000	利润分配	－4 000
库存商品	－6 000	库存商品	－4 000
(3)			
主营业务收入	－10 000		
主营业务成本	－6 000		
本年利润	－4 000		
(4)			
本年利润	－4 000		
利润分配	－4 000		
需要公司集团另作的记账凭证			
(7)			
应交税金－应交增值税（进项税额）		1 700	
应交税金－应交增值税（销项税额）			1 700

四、对消除关联交易的记账凭证的说明

(1) 号凭证：通过负数记账凭证来消除售出方的销售记录。

(2) 号凭证：通过负数记账凭证来消除售出方结转销售成本的记录。

(3) 号凭证：通过负数的记账凭证来消除售出方因该笔销售得到的毛利。

(4) 号凭证：通过负数的记账凭证来消除售出方将毛利结转到利润分配的记录。

(5) 号凭证：通过负数的记账凭证来消除购进方的购买记录。

(6) 号凭证：售出方的关联交易报告表明，这是历史成本

第4讲 公司集团管理信息化

为6 000元的库存商品加价4 000元的内部销售业务。在公司集团账面上，已经通过记账凭证(1)和(5)号消除了直接的关联交易记录，通过记账凭证(2)、(3)和(4)号消除了记账凭证(1)的后续影响，使售出方记录还原到未卖时的状态了。我们还要进一步考虑到购进方账上，由于这一加价虚增的4 000元，也会有后续影响，也要作消除处理。分别a，b和c三种情况分析如下：

a. 如果购进方是当期又全部转手售出，当然会编制结转销售成本的一系列记账凭证，那么从公司集团会计的角度来看，其中有4 000元是多结转了的：

主营业务成本	4 000
库存商品	4 000
本年利润	4 000
主营业务成本	4 000
利润分配	4 000
本年利润	4 000

将有关账户左右双方金额两两对抵后，上述一系列分录便简化为：

利润分配	4 000
库存商品	4 000

可见，记账凭证(6)可以理解为通过负数记账凭证，从最终结果上消除多结转的4 000元销售成本部分，使公司集团的账还原到正确的结果：

利润分配	−4 000
库存商品	−4 000

b. 如果购进方当期未转手售出，记账凭证(6)中的"利润分配"和"库存商品"均为实账户，其余额变化将自动结转到下期，并

69

原来中国会计就是世界领跑者

且不会影响当期损益,直到购进方又转手售出的未来某一期间,实现对该期多转销售成本的最终消除。

在"$n+1$套账"方式下,内部购进方在转手售出时,将依据自己账上虚增了的库存商品金额来结转销售成本。然而限于可操作性,公司集团又不可能每期都去追问这批货卖出去没有、卖出去多少,然后再编制记账凭证(6)来消除多结转的部分,所以这是一个无穷的"后患",根本不知道它会在什么时候"爆发",长痛不如短痛,当期一次性消除后续影响是必须的设计。这个做法的美中不足是购进方当期未转手售出的情况下,记账凭证(6)会引起两个账户余额的"空调"。所幸的是,资产保护本是下属成员公司会计的责任,公司集团会计只是在成员公司核算基础上调整账务而已,可以容忍。并且,也不妨这么理解,这笔关联交易的后续影响只有当购进方转手售出后才能完全消除,未售出前在购进方账上虚增了的4 000元库存商品,在公司集团账上也得到同步反映,因为根据"负数金额,左右实反",记账凭证(6)等价于:

库存商品		4 000
利润分配		4 000

c. 对"当期全部售出"和"当期全部未售出"这两种极端状态的处理一旦可以自圆其说,"当期只售出一部分,另一部分未售出"的情况也就不成问题了。假设购进方当期只转手售出了一半,另一半未售出,那么,售出的一半从属于 a 项下的解说,未售出的一半从属于 b 项下的解说。

可见,记账凭证(6)这样的账务处理是"以不变应万变"的常设消除机制,当期一次性完成,购进方究竟是在当期还是以后某期又转手售出,是全部售出还是部分售出,均不必特别去操心。

(7)号凭证:出于便于理解的原因,记账凭证(1)和(5)号是对原记账凭证作全份负数消除,但这里还要考虑到的是,公司集团不是法律实体,成员公司已经记录下来的有关税收的记录是刚性的,不应该在公司集团层面轻易抹除了,所以还要在(7)号凭证补记回来。

4.8 内部转让固定资产业务

一、简要的业务说明

转让固定资产可以互通有无,也是公司集团内部时有发生的业务。对比固定资产的账面净值,有加价、原价和降价转让的三种情况。在加价转让(或降价转让)的情况下,公司集团系统还要考虑到,由于这一加价,受让方在以后每月的计提折旧额也会虚增,也要在公司集团账上同期消除。

二、双方的关联交易报告格式

假设A成员公司将有效使用寿命为10年,账面净值为120 000.00元的固定资产以180 000.00元转让给B成员公司,B公司按直线法每月应计提折旧1 500.00元,从公司集团会计的角度,每月将比未加价时多计提500.00元。如表4-7、表4-8所示。

表4-7 转让方的关联交易报告 对方成员公司:B公司

单位:元

会 计 科 目	+/−	金 额
银行存款	+	180 000.00
固定资产清理	−	120 000.00
营业外收入	−	60 000.00

表4-8 受让方的关联交易报告 对方成员公司:A公司

单位:元

会 计 科 目	+/−	金 额
固定资产	+	180 000.00
银行存款	−	180 000.00

原来中国会计就是世界领跑者

三、公司集团会计系统应当生成的记账凭证

表 4-9　　　　　应当生成的记账凭证　　　　　单位：元

对应于转让方的消除凭证		对应于受让方的消除凭证	
(1)		(4)	
银行存款	−180 000.00	固定资产	−180 000.00
固定资产清理	−120 000.00	银行存款	−180 000.00
营业外收入	−60 000.00		
(2)			
营业外收入	−60 000.00		
本年利润	−60 000.00		
(3)			
本年利润	−60 000.00		
利润分配	−60 000.00		
需要公司集团另作的记账凭证			
(5)			
转让后的下月起，每月作如下凭证，共 120 个月：			
管理费用			−500.00
累计折旧			−500.00

四、对消除关联交易的记账凭证的说明

(1) 号凭证：通过负数记账凭证来消除出让方的转让记录。

(2) 号凭证：通过负数记账凭证来消除出让方因此项业务而结转本年利润的记录。

(3) 号凭证：通过负数记账凭证来消除出让方因此项业务而结转利润分配的记录。

(4) 号凭证：通过负数记账凭证来消除受让方的受让记录。

(5) 号凭证：由于加价转让，此后受让方每月会多计提 500 元折旧，集团账上每月要同步地消除。

第4讲 公司集团管理信息化

4.9 内部转让无形资产业务

一、简要的业务说明

内部转让无形资产也是公司集团内部时有发生的业务。对比无形资产的账面净值,有加价、原价和降价转让的三种情况。在加价转让(或降价转让)的情况下,公司集团系统还要考虑到,由于这一加价,受让方在以后每月的计提摊销额也会虚增,也要在公司集团账上同期消除。

二、双方的关联交易报告格式

假设 A 成员公司将刚购进的账面净值为 120 000.00 元的无形资产以 180 000.00 元转让给 B 成员公司,B 公司预计每月计提累计摊销额 1 500.00 元,10 年摊销完,从公司集团会计的角度,每月将比未加价时多计提 500.00 元。如表 4-10、表 4-11 所示。

表 4-10 转让方的关联交易报告 对方成员公司:B 公司

单位:元

会 计 科 目	+/−	金 额
银行存款	+	180 000.00
无形资产	−	120 000.00
营业外收入	−	60 000.00

表 4-11 受让方的关联交易报告 对方成员公司:A 公司

单位:元

会 计 科 目	+/−	金 额
无形资产	+	180 000.00
银行存款	−	180 000.00

73

三、公司集团会计系统应当生成的记账凭证

表 4-12　　　　　　　应当生成的记账凭证　　　　　　　单位：元

对应于转让方的消除凭证		对应于受让方的消除凭证	
(1)		(4)	
银行存款	-180 000.00	无形资产	-180 000.00
无形资产	-120 000.00	银行存款	-180 000.00
营业外收入	-60 000.00		
(2)			
营业外收入	-60 000.00		
本年利润	-60 000.00		
(3)			
本年利润	-60 000.00		
利润分配	-60 000.00		
需要公司集团另作的记账凭证			
(5)			
转让后的下月起，每月作如下凭证，共 120 个月：			
管理费用			-500.00
累计摊销			-500.00

四、对消除关联交易的记账凭证的说明

(1) 号凭证：通过负数记账凭证来消除出让方的转让记录；

(2) 号凭证：通过负数记账凭证来消除出让方因此项业务而结转本年利润的记录；

(3) 号凭证：通过负数记账凭证来消除出让方因此项业务而结转利润分配的记录；

(4) 号凭证：通过负数记账凭证来消除受让方的受让记录；

(5) 号凭证：由于加价转让，此后受让方每月会多计提 500 元累计摊销，集团账上要每月同步地消除。

4.10 内部借用资金业务

一、简要的业务说明

成员公司之间相互借用资金也是很常见的,对于公司集团通过常设性的财务公司(内部银行、内部结算中心等)进行统一理财的方式,牵涉到内部计息等许多规定,需要根据具体情况作具体的设计,在此忽略不提,只针对成员公司之间临时性借用小额资金的业务作说明。

二、双方的关联交易报告格式

假设 B 公司向 A 公司借用 100 000 元作临时性周转之用。如表 4-13、表 4-14 所示。

表 4-13

借出方的关联交易报告　对方成员公司：B 公司

单位：元

会 计 科 目	+/-	金　　额
其他应收款	+	100 000.00
银行存款	-	100 000.00

表 4-14

借入方的关联交易报告　对方成员公司：A 公司

单位：元

会 计 科 目	+/-	金　　额
银行存款	+	100 000.00
其他应付款	-	100 000.00

三、公司集团会计系统应当生成的记账凭证

表4-15　　　　　应当生成的记账凭证　　　　　单位：元

对应于借出方的消除凭证		对应于借入方的消除凭证	
其他应收款	-100 000.00	银行存款	-100 000.00
银行存款	-100 000.00	其他应付款	-100 000.00
需要公司集团另作的记账凭证			
无			

四、对消除关联交易的记账凭证的说明

(1) 号凭证：通过负数记账凭证来消除借出方的记录；

(2) 号凭证：通过负数记账凭证来消除借入方的记录。

第5讲
换代的新会计信息系统

我们常用"升级换代"来说明技术进步,严格地说,"升级"和"换代"的含义是不同的,升级是在原有基础上渐进式的改良,以软件为例,"XXX 0.3版"是其典型的标注方式;换代则是在全新基础上跨越式的重构,意味着革命性的跃升。本讲所论及的是后一种意义的进步,所以在新会计信息系统前特别加上了"换代"的表述。

第5讲　换代的新会计信息系统

5.1　前台业务与后台业务

从信息处理的角度看,"前台业务"与"后台业务"的划分非常重要。

还要回到第1讲的"一体化会计信息系统示意图"来说明两者的区别,图中处于中心地位的四大模块属于"前台业务",通过直接调控"实物流/资金流"的运动变换,构成公司生产经营不可间断的主流程,具有"动态反应"的特点。即系统对有关业务的处理响应时间短,联动性强,必须实时完成并加以记录;图中处于上方的管理会计和处理下方的财务会计则属于"后台业务",只是间接的信息处理功能,即针对前台业务进行平行监控与解析,并提供"预计的"和"历史的"财务报表。从财务人员所做的事看,兼有"财务"与"会计"的两类活动,前者属于前台业务,后者属于后台业务,这在分工较细的大中型企业特别明显,往往同时设有"资金部"和"会计部",在小公司中则是出纳所做的事属于前台业务,认清这一点是非常必要的。

前台业务的作用是显而易见的,一旦生产工人缺乏,或现金不足,或生产故障,或调度失灵,等等,使直接的运动变换失衡,立刻影响生产经营的正常进行,甚至导致灾难性的后果,这是几乎所有管理信息系统设计都将焦点放在前台业务上的原因。

后台业务的作用在表面上就不那么明显了,假设不需要及时编制报表,因而没有人从事后台业务的话,人们可以看到前台业务还是照样运作得好好的。可能这也是几乎所有系统设计都将后台业务"边缘化"看待的原因,似乎只要能定期编出对外的财务报表就行了。结果是在管理信息系统中,会计能够真正用上的,差不多只剩下形单影只的总账模块,只能编出资产负债表和利润表,连现金流量表都没法出,连库存明细账和总账都对不上,管理会计、成

原来中国会计就是世界领跑者

本计算、财务分析等功能模块无法投入使用，成为"聋子的耳朵——摆设"，真是"惨不忍睹"。直接结果是CFO们没有得心应手的信息手段可用，没有可靠的会计信息资源可查，使他们在公司中的地位和话语权大受限制。

应当指出，轻视后台业务的设计方式实在是太小看会计了。会计有别于其他部门的最重要特征，在于"以货币为计量单位"，记得马克思在《资本论》中说过一句话，大意是"商品时而采取、时而放弃价值形式，它只有在价值形式上才能得到统一"，就是对会计核算功能的最佳总结。假设向公司老总汇报，本月卖出了冰箱1万台，彩电1万台，"冰箱和彩电各1万台"无异于"苹果和香蕉各1斤，总共2斤"，老总是不可能有感觉的。而换一种说法，本月冰箱的销售额是2 000万元，彩电2 000万元，老总就知道从销售额看，两种产品各占了半壁江山；如果说本月从冰箱上赚到了800万元，从彩电上赚到250万元，哪种产品更重要就不言自明了……由于金额才具有统一性和可比性，是让公司高层管理最能产生"感觉"的数据，会计信息系统也自然是对高层管理最有用的系统了。

说句题外话，20世纪80年代的美国，有一种值得关注的现象，就是大公司的CEO多是会计人员出身，其原因还在于，"货币计量"的财务指标最具综合性，受过会计职业训练的人看问题能有大局观，自然适合当老总。这个趋势大约在20世纪90年代后不太明显了，可能是高科技公司需要比尔·盖茨这类的高技术专家来掌舵，才能立于不败之地。但是，已有迹象说明，在还没有多少"真正高科技公司"的中国，二三十年前在美国出现过的这种趋势却是很可能重演的。

前台业务必不可少，后台业务也并非可有可无，实际上，它能发挥多大的作用，才决定了公司管理所达到的高度，或称为"软实力"。IT界常说"整体解决方案"，轻视了后台业务的设计已是不完整的，又谈何"整体解决"？所以，理解会计信息系统，一定不能只局限于"做账给别人看"的财务会计核算，还必须看到"强化老总知情权"的管理会计,会计的地位才能真正提高。长期以来,除了零敲碎打的应用以外,管理会计从未整体性地、常态性地介入到管理活动中,这应当归因于我们的"高科技装备"设计起点太低。重新认识会计信息系统在管理信息系统中的地位和作用,并在系统设计中通过"补强后台业务"充分体现出来,这就是强调"换代"的意义之所在。

5.2 财务会计与管理会计

认识了"前台业务"与"后台业务"的关系后,同为"后台业务"的财务会计与管理会计之间的关系也有待厘清,以改变两者历来是"两张皮"的现状。

财务会计是公司组织中正式规定的机构,被赋予掌管原始单据凭证的权限,其目标是向外部的利益集团提供基本不变的通用财务报告。唯其如此,作为财务会计核心的会计循环,经过几百年的发展,已大致定型,呈现僵化之态,只能编出资产负债表和利润表,难以满足传统财务报表之外的信息需求,这从会计循环对于新兴的报表需求——现金流量表编制之无能为力,可见一斑。

管理会计的目标是向公司管理层提供灵活多变的内部报告,通过生产经营全面预算体现高层管理的战略目标,在很大程度上要依赖于现金流信息。然而,在应计制盘踞财务会计的近百年来,管理会计属于"信息干旱重灾区",一直处于在教科书和文献中"蓬勃发展",却无法落地生根地作为管理常态发挥作用。

现在,由于原型指标"溢余现金"的出现,管理会计与财务会计得以改变"两张皮"的状态,确立了共同的价值观,已经具备一体化运行的可能性。与传统的两大财务报表不同,现金流量表是动态报表,溢余现金表也是动态报表,可随时反映企业赚钱的能力,指出问题所在,这就为管理会计充分介入常态管理,提供了坚实的基础。

在换代的新会计信息系统中,"财务预算"与"财务决算"将联袂而行,通过金额形式"上管天,下管地,中间管人、财、物",其气势之宏大,与传统设计下的"边缘化生存"已不可同日而语。在本丛书之二《原来会计可以这么用》中,强调财务预算是"动态全面预算"的最高层面和最终结果,没有财务预算的全面预算制度就是"不全面"的,是"有其名而无其实",最多是"有其名而半其实"而已,因为财务预算所提供的预计资产负债表、预计利润表和预计现金流量表向高层管理展现了未来期间的图景,是管理目标的具体化。财务决算则表明对"人、财、物"的运动变换施加控制后,全面预算体系所达到的实际结果。从这个角度看,有关"人、财、物"的管理和预算只是分职能的资源调度与管控,最终都要以金额形式汇总到财务预算和财务决算中。这样,会计系统在管理信息系统中的高度就充分体现出来,能够向高层管理提供其所需的大多数信息,成为公司高层管理手中最重要的调控工具,不再是传统设计中可有可无的部分了。

从信息来源看,会计信息系统"后台处理"的性质,决定了财务会计与管理会计共同的来源,就是企业所发生的各类事件信息(前台业务数据库),因此两者应该是"两位一体,同源分流"的,各自服务于其信息使用者,如图5-1所示。

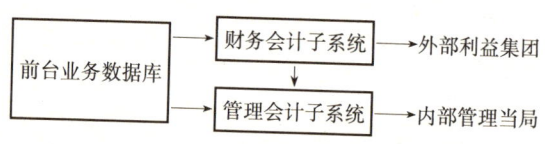

图5-1 "两位一体,同源分流"示意图

已故的厦门大学余绪缨教授曾经极富前瞻性地指出:"在会计体系中,解析过去是由财务会计来完成的。财务会计系统地提供了企业生产经营活动的历史记录,形成基本的财务信息系统。管理会计并不需要平行地、重复地另搞一套。现代管理会计解析

第5讲 换代的新会计信息系统

过去主要是对财务会计所提供的资料作进一步的加工、改制和延伸,使之更好地适应筹划未来和控制现在的需要。"(余绪缨、蔡淑娥:《管理会计》,中国财政经济出版社1994年3月,第25页)

5.3 加工、改制和延伸

管理会计的服务对象是内部管理层,不同于财务会计"一仆多主,信息通用"的定型结构,管理会计是"一仆一主,信息多变",其作用范围也就因企业而异,甚至在同一企业也因时期而异,具有强烈的个性化特点,因此需要作"量体裁衣"式的定制。以下,我们便围绕图1-1,详细说明管理会计如何通过"加工、改制和延伸",解决数据来源和数据转换问题。

第一个方向是"延伸"。财务会计在编制传统资产负债表和利润表的循环过程中,已经以规范完备的方式采集和处理了庞大的业务数据,肯定可以作为重要的数据来源。管理会计当然可以直接利用财务会计循环的所有中间数据和结果数据。但是,财务会计在处理原始凭证时,只采集了和经管责任有关的数据,以"主营业务收入"为例,它是代表"销货业务"的账户,因此,应当可能采集到的数据包括:商品类别、品名规格、交易币种及数量、商品数量、交易顾客、销往地点、发货仓库、经销人员,发运方式,当天气温,……其中,财务会计只关注与"经营责任"有关的商品类别、品名规格、商品数量、交易币种及外汇数量;管理会计则还关心有分析意义的顾客类型、销往地点、发货仓库、经销人员、产品规格(销售结构),等等。

这些可以从原始业务凭证方便地采集到的数据相当有用,以销售业务为例,我们就可以方便地统计出:

哪种商品是最畅销商品;

谁是最重要的客户;

原来中国会计就是世界领跑者

哪个地区是最大市场；
哪个仓库是最大物流集散场所；
谁是业绩最佳的销售员；
……

因此，在记账凭证录入时，数据采集的口径还要加以"延伸"，事先考虑管理会计的常规性信息需求，也就是可以预见日常分析将会用到的数据。图5-2是在录入记账凭证时，同时采集品种结构、销售人员和客户信息的例子。此外，当通过财务会计搭载采集的数据还不足以满足特定的决策需求时，从图1-1可见，管理会计还可以直接调用综合业务系统所产生的数据，也是一种"延伸"。

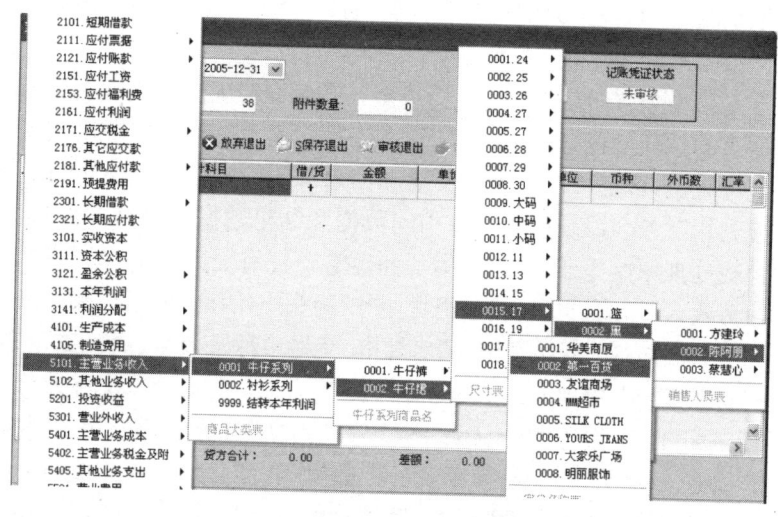

图5-2 同步采集有关客户与销售员数据

第二个方向是"加工、改制"。管理会计研究者常犯的错误是，无视信息需求多样化的总任务，就事论事地设想其输入与处理模式，首先想到的往往是改造会计循环，当与其他目标有所冲突时，自然也就无从实现了。以责任会计核算为例，习惯性的想法，是探

第5讲 换代的新会计信息系统

讨如何将责任会计与会计循环融合在统一的核算过程中,"一举两得"地完成任务,这种数据处理方式的麻烦是:

1. 由于掌握"内部贡献"的信息需求掺和进来,必然增加核算的复杂度。使对外报告所需的数据,必须经过迷宫似的过程才取得,加大了外部审计的难度和工作量。

2. 设想某个对内提供劳务的辅助生产部门,经过"内部转移价格"的虚拟核算,居然也产生了本部门的"主营业务收入"和"部门利润",您如何说服税务官员相信,这些都是不必纳税的? 显然,融合式核算还有自找麻烦之嫌。

3. 考虑到除了责任会计核算,管理会计还可能需要完成诸如标准成本、作业成本、质量成本等诸多互不相容的任务,难道每次都同样要探讨如何融入会计循环吗?

有此一问,立刻可以断定,将新兴的信息需求不断搅和到传统会计循环中,搞混合或融合式核算的路子,肯定走不通!正像不应当指望曾祖父也能跳现代街舞一样,有必要保持传统会计循环的"原生态",排除各种新兴信息需求的干扰。既是如此,眼前看得到的出路便只有"加工、改制"了。例如,可以将财务会计已经采集和处理的数据以备份形式导出,另作某些"转换",得到我们想要得到的特定信息。以责任会计问题为例,假设某辅助车间 C 的劳务实际成本是 20 000 元,原来的记账凭证是将实际成本转移给受益部门的:

基本生产成本——A 车间	10 000
基本生产成本——B 车间	10 000
辅助生产成本——C 车间	20 000

假设公司将辅助生产 C 车间定为责任中心,其劳务的内部转移定价是 24 000 元,向其他责任中心提供劳务时,可视同内部现金交易,那么只要在责任会计通道中,将该记账凭证的备份改写为:

基本生产成本——A 车间	12 000
基本生产成本——B 车间	12 000
辅助生产成本——C 车间	20 000
溢余现金——C 车间	4 000

通过将辅助生产成本"实报实销结转"改为"模拟买卖业务",就可望准确可靠地得到 C 车间的"溢余现金"了。请注意,C 车间赚到的钱是通过加大了 A、B 两车间的责任成本得到的,计算的依据是各部门"讨价还价"后确定的内部转移价格,这是"零和"的"内部买卖关系"。事实上,所有部门和个人都可以类似地视为"现金收支责任中心",那么全部责任中心的"溢余现金"正负相抵后的代数和,就是全公司真正赚到的钱了。

这只是一个简单的例子,便可以看出一种解决问题的思路。这些数据因为只是对"备份数据"的加工和改制,并且只为内部管理所用,便和外部查账人员全然无关,可以随心所欲地在多个"通道"中设计各种各样的应用。而且,因为天然的"血缘关系",与财务会计主通道的数据并未完全脱节,可以经得起质疑。

5.4 谁更适合充当首席信息官

由以上论述,引出了数据流设计的大问题。管理信息系统业界早已公认,如果对有关要素按重要性来打分的话,是"三分技术,七分管理,十二分数据"。读者可以联想一下"千岛湖"的景象,那一个个孤岛只起了"分流"的作用,水面在整体上是相通的。管理信息系统也是如此,真正畅通无阻的是数据流,在相关节点上,程序不过是按预定功能要求,像蚂蚁搬家一样,起到对数据的分流、调用、比对、运算、更新和存储等作用而已,可见数据的"集成化设计"至关重要。
ERP"模块为王"的设计理念是大有问题的,模块把本该相互衔接的数据流强行切割,就像在孤岛之间筑起众多的拦水坝来切

第5讲 换代的新会计信息系统

断水流,一个模块的数据输出,需要另一个模块通过键盘再录入,每个模块都有自己的数据,却相互对不上,成为错漏百出的一团乱麻,国外叫做"计算机越多,问题越多"(more PC, more problems),为了管理上的需要,又去"数据挖掘",想从乱麻中理出有用的信息,显然把做事的顺序都颠倒了。其实,应该反其道而行之,如果通过数据库设计,从一开始就将所有数据纳入井然有序的管理,要利用时,自然也像仓库存货一样,可以按图索骥,手到拈来,这就是走"数据为王"的设计道路,更准确地说,是数据集成化设计。

数据集成化设计的过程是,首先,设想让我们自己代替所有职能部门,单纯以手工来处理所有的业务。那么要面对的,肯定是如何理解业务、如何记录业务、如何处理业务数据、如何将处理结果记录下来或更新原有记录的问题。所以,要设计很多的单证表格来容纳各类业务数据,要明了这些数据项在表内的运算关系、然后是表和表之间的运算关系和勾稽关系……这个过程要持续到能做出所有管理账表为止。需要注意的是,这是独立于计算机的"思想实验"过程,首先要面对着各类单证的"表头",先把这些数据关系想清楚,每个数据要从哪里得来,又会对后续的数据有什么影响,从头到尾地在脑海里运行数据流,确信能得到预期的结果了,才能进一步考虑如何让计算机自动完成。我们不妨用会计人员熟悉的术语,形象通俗地说是"关于表头设计的研究",完成了这个研究,下一步才是把这些单证表格适当归并,优化后转为数据库设计,最后才是程序的设计开发。所以,它和计算机的关系,是数据模型和模型实现的关系。电子计算机在管理领域能做的事,无非是动态运算能力和在线数据传输能力而已,为了能够充分发挥这两大能力,数据逻辑模型是完全独立、不可或缺的部分,如果"表头研究"这样的思想实验走不通,系统的数据必然是一团乱麻,那么就算能做到界面"人见人爱",网络"四通八达",也是没有实用价值的。完全可以说,管理信息系统就是通过计算机程序,在总体上实现用户的管理思想或管理模式,具体地实现各类业务数据构成的逻辑模

原来中国会计就是世界领跑者

型。所谓"思想",最后的落脚点还在于数据采集和数据组织上。

由此而来的一个相当有趣的问题是,最适合充任管理信息系统分析师,或首席信息官(Chief Information Officer,CIO)的人选,应当出自哪个行业,具备什么样的知识结构呢?评价标准很简单:谁能胸有成竹,在脑海里完整地"运行"数据流,从头到尾地把过程想清楚,谁就最有资格;只能在模块里打转,出了模块就把握不了,思路老是中断、没法延续下去的,就不是适当的人选!

首先想得到的,当然是软件工程师,但软件工程师在本质上是对数据内容不感兴趣的,他关心的是按要求对数据作各种分类筛选等操作,而一旦完成,这些数据代表什么,对管理上有什么解读意义,他可能连看一眼的兴趣都没有。用形象的比喻,他注重的是可以对数据作各种操作的"空表";但这些表所填的具体内容与他无关,要经手的数据表有多少,谁有那闲情逸致看得过来。就其工作要求而言,抽象的形式框架要比具体的数据内容更现实。因此,从总体上看,软件工程师不是合适人选(当然,不排除个别情况)。

摆在面上的另一类候选人,应该是专攻管理的人士,如 MBA 了。但工商管理硕士课程是一种通才教育,需要广泛掌握各种职能领域的技能,从而,通才人士的思维习惯是倾向于回避细节,绕过很专业的问题。而我们都知道,软件设计肯定要面对许多很琐细、很专业的问题,躲也躲不开。从总体上看,MBA 的知识结构也就很难体现出优势来(当然,也不排除个别情况)。

系统分析设计师的最适合人选要有坚实的会计知识背景,可能就没有人注意到了。为说明这一点,围绕本书第 1 讲的"一体化会计信息系统示意图"(图 1 - 1)略作说明,直观地考察这一"全景图",可以得到以下几方面结论。

(1) 现金与理财管理系统和会计信息系统在管理信息系统中至少占有半壁江山,没有精深的会计知识,根本不可能看懂其中的数据流。

货币是经营活动的起点,企业各类资源的流入或流出,都同时

第5讲 换代的新会计信息系统

存在货币的逆向流动,在完成经营活动循环后,货币又作为终点和目标得到回归。仅从这一角度看,理财活动就已堪称"半壁江山"。它是实际的前台业务活动,加上后台的财务预算与财务决算,有一句很让会计界自豪的话,说是企业管理所用的信息有70%~80%来自会计信息系统。说明这三大块占有"总其成"的核心地位,没有坚实的会计知识背景,根本不可能看懂其中的数据流,当然也绝不可能做出优秀的设计。而会计专业所需要的预备知识、所要求的思维方式相当独特,未曾在专业圈子里"熏陶"过的人士,想依靠常识和理解力在短期内"得道",是完全不可能的。

(2) 要理解会计以外的其他业务,在很大程度上只需要常识,而不需要很多专业预备知识。例如,物流管理系统的顾客订单、进仓单、提货单和盘点表,人力资源管理系统中的人事档案记录、考勤表、工资单等概念,不需要过多的专业讲授,便可望文知义。何况会计与各业务子系统均有广泛的数据交换关系,这些本来就是会计人员日常业务所要接触的,其中存货三要素的管理、员工业绩考核、员工薪酬发放和社会保险等,还需要会计人员的深度参与,因此,从会计背景出发来学习系统的数据设计,可能要比从其他知识背景出发来学习更显效果。当然,要声明,笔者强调的是实际掌握和达到的会计知识背景,并不意味着非"会计科班出身"不可,许多非会计科班的人士在会计行业内都有上佳表现。

(3) 会计人员的职业训练与数据库逻辑模型设计最具思维相通性。

现实生活中,有些表面上互不相关的职业,用的是同一种技能或套路,大有相通之处,漫画家若改行当发明家容易成功,因为玩的都是创意;乒乓球运动员(至少是直拍选手)退役后学书法容易成功,因为都需要"得心应手"的能力。我们不难注意到,"报表之间的勾稽关系"、"(6)=(4)×(5)"之类的用语充斥着会计工作的每一天,对各类表式的熟悉和灵活运用是会计人员的"看家本领"。可以说,从来没有哪个行当在职业训练和思维方式上与数据库逻辑设计如此接近，与系统分析师的要求如此相通的。有此一招，全景图中其他前台业务的数据设计也并非高深莫测了，更何况对它们与会计的数据流转关系，会计人员原来已经了如指掌。

当然，要成为 CIO，除会计知识背景外，还要对计算机有本质的了解，知道它最长于做什么，最不善于做什么，能和 IT 界专业人士准确地沟通需求，笔者将这种能力称为"计算机思维能力"，这种能力是需要自觉地长期培养出来的。从实践中看，有不少会计人员参与过系统的设计开发，却大多效果不佳，陷入进退两难的困境，并不在于不懂会计，而在于他们还没有形成"计算机思维能力"，没法用数据库全面地表达管理思想。

5.5 多维度多通道的会计软件平台

对财务会计数据"加工、改制和延伸"的思路均可广泛应用，如"将记账凭证重作分类以精确编制现金流量表"、财务预算乃是"用财务会计的方法核算未来，预算决算两套账联袂而行"、合并报表乃是"'n+1'套账在清除了关联交易后的汇总"等，均未偏离这一思路。不难注意到：

（1）传统会计循环和成本核算已经处理了庞大的业务，理清了各种数量关系，只要如实记录处理过程并有序地组织相关数据，即可作为一体化会计信息系统的主要数据源，可称之为"财务会计主通道"。

（2）在必要时，根据特定的决策模型要求，管理会计可以将记账凭证记录作某些"转换"，得到我们想要得到的特定信息。最常见的转换方式是"对照表"，在本丛书之一《原来会计可以这么学》"8.3 从有效异向账户找解释"和本书第 1 讲表 1-1 都可以看到对照表的实例。用 IT 的术语来说，对照表起到了"数据接口"的作

第5讲 换代的新会计信息系统

用,使我们得以将"财务会计主通道"上已经采集和处理的数据,以备份形式引出来,进入其他数据处理通道,随心所欲地"加工、改制和延伸"。

(3) 当"主通道"中的数据不足以满足应用时,管理会计各通道当然还可以直接从"前台业务数据库"采集。

而管理会计要落地生根,提升到实用化的境界,亟须补强的正是丰富的数据源,和多样化的处理能力！有鉴于此,换代的新会计信息系统,应当是一种"多维度多通道"的软件平台,能够容纳不同数据处理流程、表现出很强应变性。

(1) 从技术要求来说,软件平台应能直接调用和处理特定的前台业务数据,供后台业务所用,例如从销售数据自动生成销售明细的记账凭证(数据接管能力)。

(2) 在会计系统内部各个"通道"之间,软件平台应能收放自如地在各通道之间传递或转换特定的数据,由于都是主通道数据的特定转换,能确保高度的数据勾稽和数据共享(数据转换能力)。

(3) 在每个"通道"内部,则可以构建各类决策模型,并有针对性地自动处理,高效地得到预定结果(智能化数据处理能力)。

5.6 定制软件、通用软件与大规模定制软件

会计软件的开发生产历来有两种极端的方式,一种是定点开发的,以用户"要啥有啥"为终极设计目标,大约可用"手工量体裁衣的时装"来类比,每一件都要从头做起,这种方式周期长,造价高,失败率高,但如果开发成功,用户满意度很高；另一种是模块套装式通用软件,一次开发,n 次无限复制销售。大约可用"大批量生产成衣"来比拟,没法保证一定合身。由于其中有相当数量的模块是"卖得出,用不上"的"雾件"(vaporware),用户连被动地"有啥

用啥"都得不到保证。这种方式对开发商最合算，已成为软件行业根深蒂固的惯例，在市场上占了主流。

从哲学的角度看，个性与共性本来就是难以调和的一对矛盾，两种方式各执一端，实际上是"有利于软件用户"还是"有利于软件供应商"两种观念和力量之间的权衡和较量。

新会计信息系统"换代"的重大特征，是要补强管理会计，使高层管理不但有财权、人事权，还有了"信息知情权"。但是，与提供通用财务报表的财务会计不同，管理会计所要满足的管理层要求，不仅在不同公司之间，即使是在同一公司的不同时期，信息需求都是不一样的，个性极强，这就产生了系统设计开发要走什么道路的难题。

实力雄厚的大公司也许可以不考虑造价问题，走"定点开发"的道路，但也还要承担周期长和失败率高的风险。另一条道路，模块套装通用软件的方式，实践证明在管理会计实际应用上几近空白，已经是失败的。

还有第三条道路可走，那就是"大规模定制"。顾名思义，它仍是落实在"定制"上的。也就是说它的前提是要让顾客感觉产品是专门自己为自己制作的，保持定制产品"使顾客满意"的特点。那么，顾客只有一个，每次只生产一件，何来的"大规模"？

所谓的"大规模"指的是，制造商在不损害顾客利益的前提下，充分利用先进技术，大幅度提高自身的生产效率。因此不同于手工业单件制作的方式，能以相当大的生产规模、相当快的速度来逐一满足顾客的个性化需求。

"大规模定制"的核心问题是研究和提炼部件的组装标准。举个简单的比喻，就像积木或七巧板一样，每一块在尺寸和形状上都要遵从既定的结合面"约束"或"协议"，从而能产生千变万化的效果。产品的生产当然要复杂得多，组装标准的确定也是难度极大的，一旦确立组装标准，通过提供数量适当的标准件，就能能进行成千上万种的搭配，造成顾客可以任意选择的效果。例如，生产芭

第5讲 换代的新会计信息系统

比娃娃的马特尔公司在网站上提供了至少6000种组合,使进入其网站的女生可以自由选择娃娃的肤色、眼睛的颜色、发型、服饰等等。在计算机硬件方面,美国的戴尔计算机公司和顾客进行一对一的对话,按需配置计算机,也创造了奇迹。

在本讲"5.5 多维度多通道的会计软件平台"中,已经简要描述了这种需求,它应该是一种"即插即用"的定制平台,可以向企业提供量身定制的软件服务。它所依托的假设是:

(1) 系统总体架构设计和人机界面开发是最耗时而又费心力的工作,一旦完成,最好能够相对稳定不变。

(2) 会计的分类体系即"数据规范"虽然就每一家企业而言都有个性要求,但要满足这些个性要求,除了数据采集界面必须具有应变性以外,更需要应变的是数据设计,工作要求的特点是"在于质而不在于量",即只要能学会思考和构建会计的"数据逻辑模型",必须投入的程序源代码工作量是相对有限的。

据此,在大规模定制方式下,软件的设计重在解决属于不变部分的主架构的实现,这是技术难度和工作量最大的;而后,针对每一企业的个性需求(从哪里采集数据,采集什么数据,处理什么数据),进行专门设计,可以挂接上特定的"插件",就能以较小的工作量和较低的技术难度达到令用户满意的定制效果,即"个性要求,快速配置"。借用硬件的说法,这是一种"即插即用"的软件结构(Plug and Play,P&P)。

与体量巨大得令人发晕却应变能力极弱,从来也不曾全面用上的"模块套装式通用软件"相比,在新方法下,软件提供的是基本不变的组装框架或"插座",即一套协议,由它来决定各种插件如何插入,如何起作用,以及一系列标准化的、或临时开发的插件。将两者通过组装,构成完整的系统,让数据在其中畅通无阻,因此在用户满意度、开发效率、造价、应变与进化能力等方面都具有高度的竞争力。

笔者只能提出这样的开发需求,再深入下去探讨软件开发如

原来中国会计就是世界领跑者

何实现这一目标,就越界了,超出了本人的知识结构所能表达的范围,自有 IT 高手来完成这一任务,而且也已经实现了,我们还是点到即止吧。

结束语

近现代的中国会计人从来是富有"血性",敢于创新的。既然我们向西方取回的未必全是"真经",却已经稀里糊涂地过去了一百年,到了需要奋起,自己"造经"的关节点上了。

不要再以为"国际惯例"与中国无关,我们只有没头没脑地"趋同"的份,中国是国际大家庭的一员,我们自己在做的事也是"国际惯例"!能否大行于世,只有科学是唯一的筛选标准。

不要再以为自己只是草民,对会计毫无影响力,只能冷漠地围观。百年来所积累的问题太多了,让会计重回科学轨道的重任,已经落到了当代中国会计人的肩上,这是我们必须要担当、也责无旁贷的使命。所以,有钱出钱,有力出力,说出您的真实感受,做出您所能做的事。"天降大任",我们现在身处的"现实",就是未来的"历史",历史完全可能在我们手中转向。

不要再以为靠"什么也不是"的净利润、靠自己都不知所云的"职业判断"还可以继续忽悠世人,以为这样的滋润日子还能过到退休,过去的功绩名誉并不保证您未来能继续辉煌。学会计的不应当"耻言货利",用最俗的话来说,世界会计是一个完全被搅动了的大名利场,正在重新洗牌,这里潜藏着众多有待解决的学术课题,也潜藏着众多的商业机会,为了保住自家"奶酪"不被动了,或者乘机使自家"奶酪"最大化,每一个国家、每一个人都要找准自己的发展方向,在这个体系中重新定位。

会计是最应该用计算机的领域,也是最不容易用好计算机的

原来中国会计就是世界领跑者

领域。会计转型的方向是以溢余现金为新焦点的"会计科学化",它将借助于"会计信息化"手段震撼登场,展现出全新的气象,这是一个不可逆转的过程,也是中国会计人可以大有作为的领域,在技高一筹后,再"兼济天下",以真正科学先进的中国会计模式引领世界,展现大国风范。

我想引用诺贝尔奖得主科斯先生的话,与读者共勉:"**为中国奋斗,就是为世界奋斗。**"

开工了,中国会计人!

附录一
历史成本会计模式不可替代

汪一凡

（原载于《中国经济问题》1994年第5期）

在通货膨胀会计（或物价变动会计）的大量文献中，多是以对历史成本会计模式作一定程度的否定为出发点的，探讨各种通货膨胀会计模式之余，稳健者对历史成本会计模式之何去何从不置可否，激进者则直言不讳，欲以其他模式取历史成本模式而代之，本文的目的在于论证历史成本会计模式的不可替代，兼论通货膨胀会计研究之局限性。

在通货膨胀环境中，历史成本会计模式所提供的信息之不足已是众所周知，笔者也完全同意，尽管如此，历史成本会计模式仍然有其继续存在的理由。

一、历史成本会计模式所提供的信息仍然具有决策相关性

否定历史成本会计模式的最重要理由，在于它不再反映企业真实的财务状况和经营成果，有可能使财务报表使用者的决策错误，但这一说法忽视了决策模型的多样化，应当指出，作为通用财务报表，其使用者是极其广泛的社会集团，因而也就有了这些集团从其自身立场和自身利益出发的各种各样的决策模型，历史成本会计模式所提供的信息确有可能对其中的某些模型不再具有决策相关性，但同时也有可能对另一些模型仍是相关的，例如，根据历史成本原则的要求，对资产和负债是以其取得、发生或形成时的交

原来中国会计就是世界领跑者

换价格为计量基础,这样形成的会计信息对于投资人和债权人了解和解脱企业管理当局的经管责任是最有说服力的;又如,目前各国所得税的计算多是以历史成本会计模式下确定的收益为主要依据,从而,历史成本会计模式信息对于有关税务的决策模型也就有了相关性,在多样化的模型中,仅从其中某些模型出发来否定历史成本会计模式,显然是不足道的。

二、各种通货膨胀会计模式的运行,大多要以历史成本会计模式的记录为基础

历史成本会计模式的最主要特点,是对过去所发生的交易作客观的记录,其数据实际上也就成为各种通货膨胀会计模式的基础记录,以下试对目前较为成熟,同时也最具代表性的三种通货膨胀会计模式即"不变购买力模式","现行成本模式"和"现行成本/不变购买力模式"分别加以分析。

不变购买力会计模式的设想是坚持历史成本会计原则,而为了保持会计的货币计量单位的稳定,要对历史成本会计模式下的财务报表数据进行换算,改用某一年度(一般是财务报表年度)的货币为共同的货币单位进行计量,具体做法是利用某种价格指数将历史价格金额换算为不变价格金额,其完整的名称是"历史成本/不变购买力会计模式",是完全以历史成本数据为基础的。

现行成本会计模式的设想,是以现行重置成本来取代历史成本,因而在计量基础上,从理论上说是脱离了历史成本会计模式,但是,当会计人员根据这一理论设想要对资产重新进行估价时,不可避免地要面对难以确定一些资产的现行重置成本的问题,例如,由于技术进步,在市场上已没有同类资产出售;长期无形资产的现行重置成本难以估计,等等,而解决的办法也几乎不可避免地是对该资产的历史成本按价格指数(一般价格指数或特定分类的价格指数)加以调整,事实上,为了减少对资产逐一重估价的工作量,实务中是对各类资产的历史成本按分类的价格指数来调整的,因而,从实际操作的角度,现行成本会计模式仍须以历史成本数据为

附录一 历史成本会计模式不可替代

基础。

至于现行成本/不变购买力会计模式，无非是上述两种模式的综合，也就无须赘言了。

三、现有的通货膨胀会计模式因其各自的理论基础的缺陷，在"反映经管责任"的客观性上均不可能取历史成本会计模式而代之

会计的"决策有用观"也好，"经管责任观"也好，在会计必须反映"经管责任"这一点上是没有分歧的，而由于各种不同的社会集团在经济利益上存在冲突，会计数据的客观性是极其重要的一条标准。

当前占统治地位的财务会计结构模式，是"复式簿记、历史成本原则和权责发生制"三位一体的，在反映"经管责任"方面，其基本特点是：

（1）对与企业外部的交换行为的记录要以独立主体之间在市场上的契约为依据。

（2）对资源在企业内部流转的业务处理，要以对外部交换行为所记录下来的历史成本金额为限。

第一个特点的客观性自不待言，至于第二个特点，从总体上和长期来说，因为受制于第一个特点，仍然是客观的；而从局部和个别期间看，则难免有主观因素在起作用，如长期资产计提折旧有是否"加速"之分，存货计价有"先进先出"与"后进先出"之别，等等，这往往也成为历史成本会计模式受指责的理由之一（顺便指出，多数通货膨胀会计模式在这一点上同样难以避免），所幸的是，公认会计原则或会计制度能够规范或限制此类主观因素的发挥，因而，历史成本会计数据在"客观性"方面当无大疑问。

在转而考察通货膨胀会计模式之前，有必要对"通货膨胀"这一名词略作分析。

遍翻各种经济理论书籍，对这一名词的理解和定义之多，其相互间的差异之大，实在令人惊讶，如果从对现象解释的通俗性上，

原来中国会计就是世界领跑者

从会计界感兴趣的某些特征上看,美国著名经济学家莱德勒和帕金的定义可能是较好的:"通货膨胀是一个价格持续上升的过程,也等于说,是一个货币价值持续贬值的过程"。①

这一定义告诉我们,从价格水平的角度看,通货膨胀代表了一般或平均价格水平的持续上升;而从货币的角度看,它又代表了货币购买力的持续下降。

根据政治经济学理论,商品价格的变动是下述两种因素单独或同时作用的结果:

(1)币值的变动:商品的价格是通过一定数量的货币来表现的,作为一般等价物的货币本身也是商品,其内在价值也会变动,而在现实生活中,纸币作为一种价值符号,其发行量一旦超过流通中的货币需要量,就更加剧了它所代表的货币价值的变动,不过,这种变动使所有商品的价格发生同比例的变化,称为一般物价水平变动。

(2)商品本身内在价值的变动:每一种具体的商品因生产它的劳动生产率等因素发生变化,其内在价值也会发生增减变化,从而,在货币价值不变的前提下,其个别价格仍会变动,称为个别物价水平变动。

不过,政治经济学也好,价格学或任何可能相关的其他学科也好,现有的研究成果尚无法精确地"分离"出这两种变动,而是只能每次只从一个角度看,两者互为"参照系",当说到"价格持续上升"时,隐含的假设是币值不变;当说到"货币价值持续贬值"时,则又将两种因素的变动均归结为币值的变动了。

严格地说,通货膨胀是一种能够"感觉"到却难以精确测度的现象或过程,研究其精确测度是其他学科尚未完成,似乎也难以完成的课题,而通货膨胀会计研究从一开始就是建立在这一"受制于

---

① 转引自赫尔穆特·弗里希:《现代通货膨胀理论》,蔡重直译,中国金融出版社,第8页。

附录一　历史成本会计模式不可替代

人"的基础上的。

不变购买力会计模式的理论基础,是从"货币价值持续贬值"的角度来研究通货膨胀对会计数据的影响,根据"价格指数"的变动情况来调整财务报表数据,以使货币所代表的购买力保持不变,可见,该模式完全仰赖于物价指数的计算,而目前还没有任何一种指数编制方法能称得上是最佳的指数公式,这就成为这一模式的致命弱点。

当前常用的指数公式有两种,即拉斯派雷斯指数和帕舍指数,拉斯派雷斯指数的计算公式是:

$$L_p = \frac{\sum_{i=1}^{n} P_i^t x_i^0}{\sum_{i=1}^{n} P_i^0 x_i^0}$$

式中:P为商品的价格;X为商品的数量;上标 0 和 t 分别代表基期和计算期。

这一公式的特点,是将商品量固定在基期的水平上,其缺陷十分明显,它没有考虑基期之后出现的新商品,却保留着基期之后淘汰的旧商品,而且无视因价格变化而导致的需求数量变化,即消费者或购买的厂商会减少对提价高的商品的需求,转而购买提价少的可替代商品,所以并不符合商品世界的现实。

帕舍指数的计算公式是:

$$P_p = \frac{\sum_{i=1}^{n} P_i^t x_i^t}{\sum_{i=1}^{n} P_i^0 x_i^t}$$

它注意到了需求的结构性变化,以期末的商品数量作为参考点,但又可能夸大基期的支出,低估价格总水平的上升;而且,要对基期并不存在的商品确定基期价格也是一大难题。

原来中国会计就是世界领跑者

有鉴于此，又产生了费希尔理想化指数，它是上述两指数的几何平均，由于缺乏理论上的依据，这一公式并未得到采用。

除了指数公式本身的缺陷外，从计算指数的实际操作上看，如何取得大千世界中各种商品各自的价格和数量数据又是难以逾越的障碍，实践中只能选取一些有代表性的商品进行测算，这一做法使物价指数的客观可信性又打了折扣，如果企业的资源处于这些"代表性商品"的范围外，用不相关的指数来调整其财务报表数据是缺乏依据的。

如果说，尽管不变购买力会计数据有种种"可疑"之处，物价指数毕竟是外在于企业的政府或有关机构所编制的，从而尚存一些"客观性"的话，现行成本会计模式在客观性方面就更弱了。

深究这一模式的思维逻辑，是"IF … THEN …"式的，即"如果这一资产是现在购进的，它就值几何"，但不幸这些资产往往不是现在购置的，那么它们究竟值几何就成了谁也说不清的事了。举例来说，一个地块，单独购进是一种价，与周围的地块一并购进又可能是另一种价；一台设备，向制造商直接购进和通过代理商购进也可能是价格不同的，美国会计学会的《会计基本理论说明》(A Statement of Basic Accounting Theory)在附录A"获取现行成本数据的手段"中，讨论了确定某些资源的现行成本的方式，明眼人不难看出其中大有回旋余地，实事求是地说，对于此类并未实际发生的事，主观地作出种种假设和比较，以便能够确定过去购进的资产现在的重置价值，是无法避免的，也是无可非议的，但问题在于，当财务报表的编制者能够有相当大的自由度对数据上下其手时，财务报表的客观性也就荡然无存了。

第三种通货膨胀会计模式，现行成本/不变购买力会计模式则是上述两模式的兼收并蓄，同样无法取代历史成本会计模式。

不仅现状如此，从发展趋势看，笔者认为，就会计学界所能做的事来说，通货膨胀会计已经大致穷尽了该探索的问题，进入进展维艰的阶段了。

附录一　历史成本会计模式不可替代

从理论上说，通货膨胀难以捉摸，其症状无非是"货币贬值"或"价格上升"，愿意从哪个角度看都可以，但也都是片面的，对于前者，早在1918年，米德勒迪兹（Middleditch）就提出不变购买力会计模式的设想，建议用批发物价指数对财务报表数据重新表述；对于后者，仅在米氏撰文一年后，鲍尔（Bauer）也提出重置价值会计模式的雏形，建议根据重置成本而不是历史成本来计算长期资产折旧。① 其后，众多的研究者又提出各种设想，但也不外乎是这两大模式的完善、变异、混合或同义反复而已，连同在原有的历史成本会计模式框架中的"改良方案"如加速折旧、后进先出法等，会计学界对于通货膨胀的应变措施似乎已经完备，难有突破性进展了，其因就在于前述的"受制于人"，而由于这两大模式各执一端，也就难免均有其片面性。至于美国的财务会计准则委员会（FASB）所提倡的现行成本/不变购买力会计模式，笔者以为是了无新意的，因为这一貌似统一的模式是建立在互为参照系，或者说互相矛盾的两个概念基础上的，"有些会计学家还认为，把现行成本会计模式和不变购买力会计模式结合起来，很难说它融合了两者的优点，但却具备了两者的缺点"②。

综上所述，通货膨胀会计数据不是精确可信的数据，今后也很难在精确可信的方向上有所进展，因而，不可寄望过高，当然，笔者并非意在全盘否定通货膨胀会计模式，而是认为历史成本会计模式是不能被取代的，与此同时，通货膨胀会计模式也是有用的，其有用之处，恰在于有助于解决通货膨胀环境中历史成本会计模式下的资本保持问题，补充历史成本数据之不足。例如，股份公司的董事会尽可以选定自己愿意相信的某一种通货膨胀会计模式，得到这一模式下的收益数据，并与历史成本模式下的收益数据相比较，其间的差额就提供了一个粗略的尺度，指明在当期收益中不能

---

① 参见 Elwood L. Miller "Inflation Accounting" p. 57 Van Nostrand Reinhold Company 1980.

② 转引自常勋主编：《国际会计》，上海人民出版社1990年出版，第204页。

原来中国会计就是世界领跑者

作为股利发放，而应在留存收益中分拨为"通货膨胀准备"的金额是多少，通过设立"分拨为通货膨胀准备的留存收益"这一方式，也就大致使企业能重置其生产要素，不至于在通货膨胀环境中自我清算了。它的优点还在于应变能力强，当有迹象表明通货膨胀不可逆转，或这一准备金高达一定程度时，可以将一定数额的准备按一定的程序转为股本；反之，通货紧缩时也可以"解冻"一部分作为股利发放，至于因历史成本会计模式虚增收益而导致的多缴所得税问题，主要的是国家和企业之间的利益关系问题，必要时国家完全可以通过提高所得税起征点或降低税率等方法来解决，这与采用哪一种会计模式无关，也并非会计理论研究所能解决的。

附录二
衍生金融工具的主要类别和用途

叶永刚主编

(《衍生金融工具概论》,武汉大学出版社 2000 年 12 月)

衍生金融工具(Derivatives)指的是其价值派生于现货市场工具的金融合约。

我们在这里指的现货市场也叫做原生市场。原生市场主要有外汇市场、权益市场、利率市场和商品市场等。

本章主要介绍衍生金融工具的类别、用途,衍生金融工具在我国的发展前景及衍生金融工具与金融工程的关系。

第一节 衍生金融工具的主要类别

衍生金融工具种类繁多,但人们一般将其划分为五大类别:远期、期货、期权、互换和混合证券。

一、远期(Forward)

远期合约指的是以预定的价格和预定的日期买卖一定数额的某种资产的合约。

在这里,预定的价格被称为远期价格,预定的日期被称为到期日,一定数额的某种资产被称为原生资产或标的资产。

如果将远期交易运用于商品市场,便有了商品远期交易;如果将远期交易运用于资金借贷市场,便有了利率远期交易;如果将它

原来中国会计就是世界领跑者

运用于股票市场,便有了股票远期交易;如果将它运用于外汇市场,便有了外汇远期交易。

我们可以将金融市场划分为场内交易市场即交易所交易市场和场外交易市场。前者是在交易所进行的公开竞价的标准合约市场,后者是在买卖双方之间进行协议的市场。远期交易市场为场外交易市场,也叫柜台交易市场。

按照远期交易的买卖双方来划分,我们可以将远期交易划分为多头远期交易和空头远期交易,前者指交易者买进远期合约,后者指的是卖出远期合约。

远期交易交割时的损益情况可以用图形来表示。我们将这种图形称为损益图。损益图可划分为多头远期交易损益图和空头交易损益图。我们先看多头交易损益图(附图1):

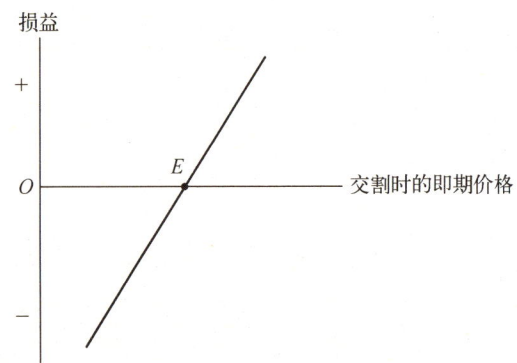

附图1 多头交易损益图

在附图1中,E点为远期价格,横轴为交割时的即期价格,纵轴为交割时的损益。如果即期价格等于远期价格,其损益为零;如果即期价格高于远期价格,买方可获盈利;反之,即期价格低于远期价格,买方就会受损。

理解了多头交易损益图,我们便不难画出空头交易损益图了(附图2)。

附录二 衍生金融工具的主要类别和用途

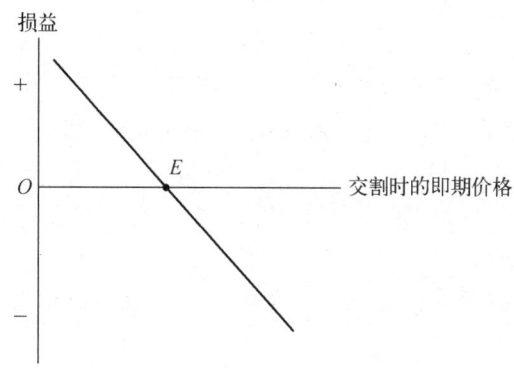

附图 2 空头交易损益图

远期交易最重要的用途有两方面：一是保值；二是投机。

当交易者用远期交易来保值时，他可以在现在就确定某种资产的将来价格，从而消除了价格变化所产生的不确定性。在这种情况下，交易者被称为保值者。

当交易者用远期交易来投机时，他主要赌的是远期价格和到期日的即期价格之间的差别。当他估计这种资产的价格上涨时，他做多头远期交易；否则，他做空头交易。看对了，盈利；看错了，亏损。在这种情况下，该交易者被称为投机者。

二、期货(Futures)

期货交易指的是在交易所进行的公开竞价的标准合约交易，像远期交易一样，期货交易也在合约中预定了到期交割的价格、数量和交割地点等。但期货交易也有明显不同于远期交易的特点。

期货交易是在交易所进行的交易，而远期交易是场外交易；期货交易为标准合约交易，而远期交易为非标准合约交易；期货交易需要交易双方缴纳一定的保证金，而远期交易靠的是双方的信用；期货交易采用逐日盯市的方式，而远期交易采用的是到期清算的方式；期货交易可以进行冲抵交易，而远期交易则需要到期交割；期货交易通过清算所进行清算，而远期交易直接在交易双方之间

原来中国会计就是世界领跑者

进行清算。

由于期货交易从实质上看,类似于远期交易,因此,远期交易的损益图也可以用于期货交易。由于期货交易实行逐日盯市的方式,我们也可以把期货交易看作由一系列的远期交易构成。当第一天的交易结束时,第一天的清算价格成了第二天清算的"远期价格";第二天结束时,第二天的清算价格又成了第三天清算的远期价格,依此类推。

期货交易的主要用途也像远期一样,它既可以用来保值,也可以用来投机。

三、期权(Option)

期权指的是以预定的价格和数量在预定的有效期内买卖某种资产的权利。像远期交易和期货交易一样,期权也是一种衍生金融工具。在期权合约中,同样规定了日后买卖某种资产的价格、数量和有效期限。

但是,期权合约规定的是一种权利,而不是责任。远期和期货合约规定的是一种责任。对远期交易来说,一旦成交,交易双方必须在到期时按合约规定交割;否则,作违约论处。对期货交易来说,一旦成交,交易双方要么在市场上作冲抵交易,要么到期交割或清算;否则,也作违约处理。期权则不然,对期权合约的买方来说,他买到的是一种权利。这种权利,他可以行使,也可以不行使。他觉得有利时,行使;他觉得不利时,则不行使。

按照原生资产的买卖来分类,可将期权划分为看涨期权和看跌期权。前者也称为买权(Call Option),指在合约中规定买入某种资产的权利。后者也称为卖权(Put Option),指在合约中规定卖出某种资产的权利。

按照期权行使的有效期来分类,通常将期权划分为美式期权和欧式期权。美式期权的持有者可在到期日以前的任何交易日内行使期权。而欧式期权的持有者只能在到期时行使期权。还有一种期权叫百慕大期权,可以在到期日之前的某一段时间而不是任

附录二 衍生金融工具的主要类别和用途

何交易日行使期权。百慕大是个地名,既不在美洲,也不在欧洲,而是处在二者之间,该期权正由此而得名。至于亚式期权,指的则是按到期日之前的平均价格进行清算的期权。

关于期权,还有两个相关的概念需要引起注意。一是协定价格,一是期权价格。

协定价格(Strike Price)也叫做执行价格或履约价格,指的是在合约中规定的日后买卖某种资产的价格,该价格类似于远期价格和期货价格。

期权价格(Option Price)也叫做期权费(Option Premium),指的是买卖期权的价格。

由于期权的买卖和期权合约中规定的原生资产的买卖并不是同一个概念。因此,我们可以将期权的买卖划分为四种情形。

第一种情形为期权的买方买入一个看涨期权。在这种情形下,其损益状况如附图3。

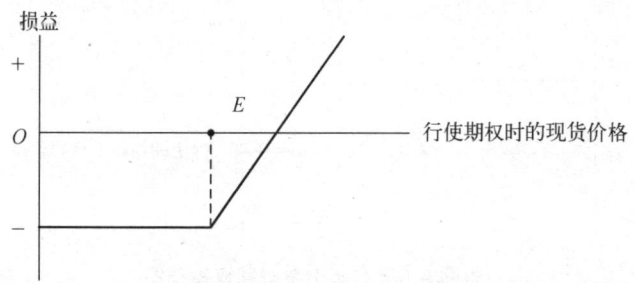

附图3 看涨期权损益图

在这里,E为协定价格,纵轴为损益,而横轴为行使期权时的现货价格。

当现货价格等于协定价格E时,期权持有者损失的只是期权费。当现货价格低于E时,持有者不行使期权,损失的也只是期权费。而当现货价格高于E时,持有者则会行使期权。当现货价格高出E的部分等于期权费时,持有者损益两平。当这种高出的部分大于期权费时,则形成持有者的收益。

第二种情形为期权的买方买入一个看跌期权。我们同样可以画出它的损益图来(附图4)。

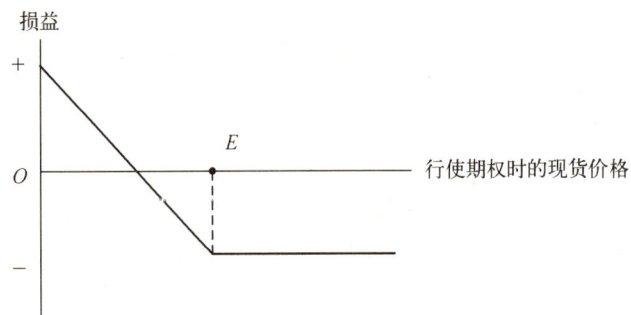

附图4 买方买入看跌期权损益图

第三种情形为期权的卖方卖出一个看涨期权(附图5)。

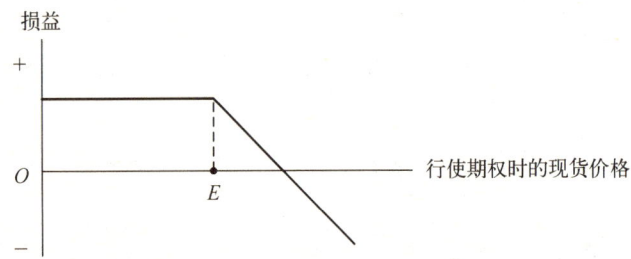

附图5 卖方卖出看涨期权损益图

第四种情形为期权的卖方卖出一个看跌期权(附图6)。

如果将附图3和附图5叠加在一起,我们便可以发现,这两个图形正好与横轴对称(附图7)。

这种图形的对称性可以说明期权交易是一种零和交易。买方的所得,正好是卖方的所失;反过来,买方的所失,正好是卖方的所得。如果我们将附图4与附图6叠加,可以得出同样的结论。

附录二　衍生金融工具的主要类别和用途

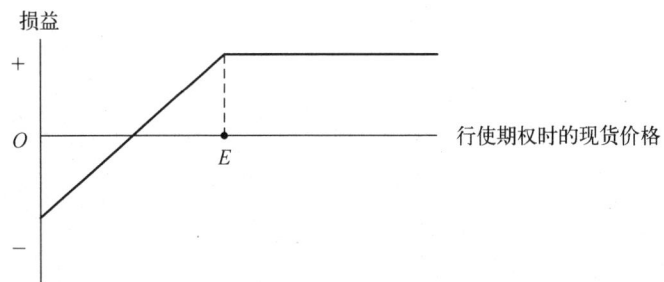

附图6　卖方卖出看跌期权损益图

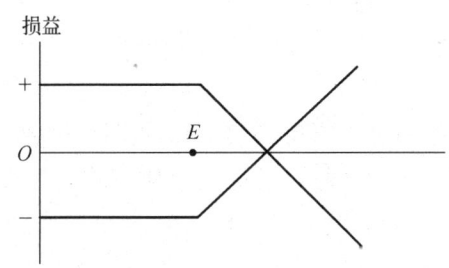

附图7　叠加后损益图

四、互换(Swap)

互换指的是同时交换各种货币、利率和其他金融资产的现金流量。这些活动被称为互换交易。

常见的互换交易有两种类型：一是利率互换；一是货币互换。

利率互换(Interest Swap)指的是双方同时进行的利率交换。人们可以将固定利率的现金流量换成浮动利率的现金流量，也可以将浮动利率的现金流量换成固定利率的现金流量。

我们假定公司甲借入了一笔固定利率的美元债务，而公司乙借入了一笔浮动利率的美元债务。现在，公司甲希望将自己固定利率的债务换成浮动利率的债务，而公司乙则希望将浮动利率的债务换成固定利率的债务。

原来中国会计就是世界领跑者

于是,两个公司便可以通过利率互换来达到这种目的(参见附图8)。

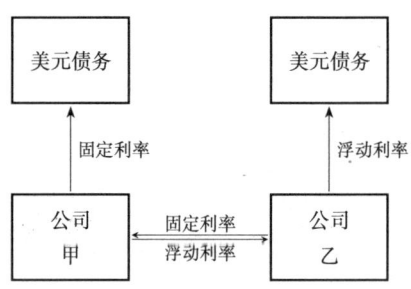

附图8 利率互换示意图

从附图8可以看出,通过利率互换后,公司甲的固定利率债务,实际上由公司乙偿还,而公司乙的浮动利率债务,由公司甲间接地偿还。因此,公司甲将固定利率的债务变成了浮动利率的债务,而公司乙则将浮动利率的债务变成了固定利率的债务。

从利率互换的结构特征分析,该互换交易实际上由一系列的远期利率交易构成。如果上例的期限为5年,每年清算一次利息差额,那么,这便意味着存在5笔远期利率交易。

利率互换可以在甲、乙双方之间直接进行,也可以通过中介机构的参与来进行。

利率互换可以用来调整资产负债结构,防范利率风险和节省相应的利息成本。

货币互换(Currency Swap)指的是双方同时进行的不同货币现金流量的交换。

我们假定甲公司需要借入一笔美元款项,而乙公司需要借入一笔日元款项。但是,甲公司在日元借款的利率上,具有相对优势,而乙公司在美元借款的利率上具有相对优势。这时,甲公司可以借入日元,乙公司可以借入美元,双方将各自借入的日元和美元进行交换。这样一来，甲公司将日元债务换成了美元债务，而乙公司将美元债务换成了日元债务。这便是一笔比较典型的货币互换交易。我们可以用下图表示（附图9）：

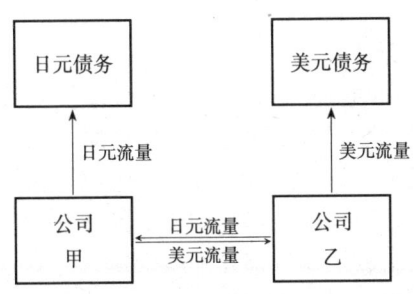

附图 9　货币互换交易示意图

从附图 9 可以看出，通过货币互换，甲公司将日元债务变成了美元债务，而乙公司则将美元债务变成了日元债务。

货币互换交易可以使甲、乙双方节省借款成本，也可以用来防范汇率风险和调整资产负债中的币种结构。

像利率互换一样，货币互换交易也可以看作由一系列的远期外汇交易构成。货币互换交易也可以通过中介机构的参与来完成。

五、混合证券

混合证券（Hybrid Securities）指的是将多种金融工具的特点进行组合的证券。

一般说来，混合证券涉及四个主要的要素市场：利率市场、外汇市场、权益市场和商品市场。将这四个要素市场上的金融工具进行混合，将会产生许多新的金融工具。

第二节　衍生金融工具的用途

衍生金融工具的用途主要可从三个方面进行分析：保值、投机和价格发现。

一、保值

衍生金融工具最重要的用途是保值(Hedge),保值的目的是要消除或减少价格变化对经营者造成的不利影响。

我们首先来看远期交易的保值作用。

假定某一公司向国外进口一批货物,计价货币为美元。在合同签订后3个月付款。假定现行的人民币对美元的汇率为1美元等于8元人民币。3个月后,如果人民币汇率贬值,即1美元不止等于8元人民币,那么,该公司则需要支付更多的人民币来购买同样数额的外汇应付款。这便是外汇应付款的人民币汇率风险。这种汇率风险可用图示如下(附图10):

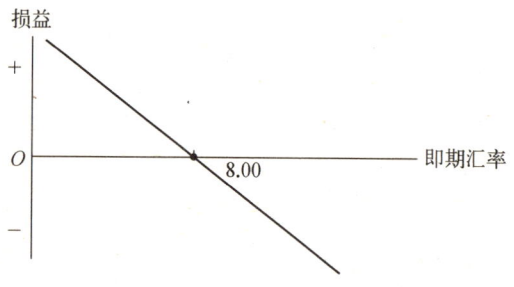

附图10　汇率风险示意图

附图10反映了该公司的汇率风险。当人民币汇率不变时,即仍然稳定在8.00元时,该公司无损失;当人民币汇率贬值时,即1美元不止等于8.00元时,该公司受损。当然,如果人民币升值,该公司会受益。

针对以上的汇率风险,该公司可做一笔外汇远期交易。该公司可向国家指定经营远期外汇交易的银行买入一笔远期外汇。假定远期汇率也是8.00元。到期时,如果人民币汇率贬值,该公司按预定的8.00元买入外汇。因此,汇率的变动不会对该公司造成任何损失。

附录二 衍生金融工具的主要类别和用途

通过远期外汇交易保值的图形可以描述如下(附图 11):

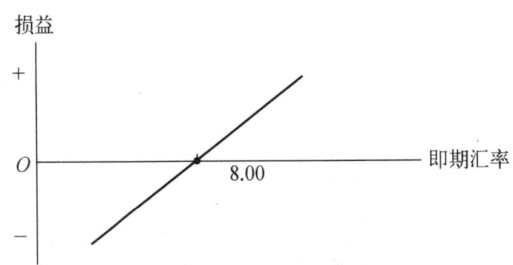

附图 11　通过远期外汇保值示意图

这是一笔远期交易的损益图。即期汇率变动对它的影响,正好与对外汇应付款的影响相反。当人民币贬值时,该公司获益;反之,该公司受损。

如果我们将附图 10 与附图 11 重叠在一起,便可以发现,该公司的损益曲线便会与横轴完全重合。这表明,无论即期汇率怎么变化,公司都不会受到影响。

如果该公司不是要进口货物,而是要出口货物,那么,该公司便有了外汇应收款的汇率风险了。这种风险,可用卖出远期外汇的办法来防范。

远期交易可以用来对外汇应付款汇率风险和外汇应收款汇率风险保值,外汇期货交易同样可以用来对这两种汇率风险保值。对外汇应付款风险,我们可以做多头外汇期货交易;对外汇应收款风险,我们可以做空头外汇期货交易。

同是外汇应付款风险和外汇应收款风险,我们还可以用期权交易来保值。

在上例中的外汇应付款风险中,我们可以通过买入外汇期权来保值。假定我们国家有了人民币对外汇的期权市场,我们就可以这样运作了。

让我们将外汇应付款的风险图和外汇看涨期权的图形放在一起进行分析(附图 12)。

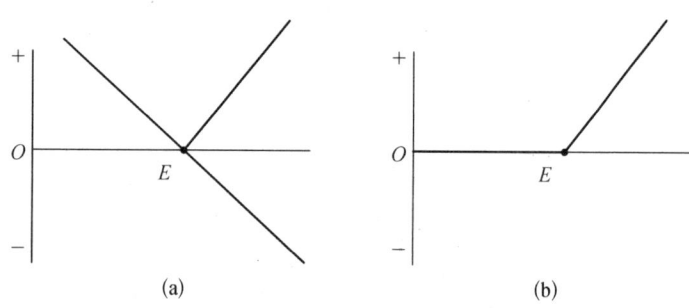

附图 12　外汇应付款的汇率风险与外汇看涨期权图

在附图 12 中，(a)表示外汇应付款的汇率风险，(b)表示对该风险进行保值的外汇看涨期权交易。我们在这里假定该公司买入一个看涨期权。期权的协定价格假定也是 8 元。请注意，该期权的损益图没有反映期权费。

如果我们将附图 12 中的(a)和(b)叠加在一起，我们会得到一个什么样的图形呢？我们得到的图形将会如下(附图 13)：

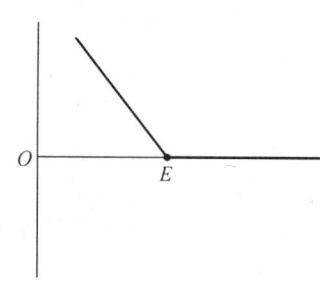

附图 13　附图 12(a)和(b)的叠加图

在附图 13 中，E 的右边，与横轴重合。该图说明什么呢？

当人民币对美元的汇率低于 1 美元等于 8.00 元人民币时，即人民币汇率升值时，该公司可不行使期权，而直接在市场上购入应付的美元。当汇率高于 1 美元等于 8.00 元人民币时，即人民币汇率贬值时，该公司可行使期权，按 1 美元等于 8.00 元人民币的协定价格买入应付美元。

由此看来，该公司的外汇应付款风险，通过看涨期权保值后，其损益情况，不正类似于买入一个看跌期权吗？用期权来保值，所起的作用，真够奇妙的了。

如果该公司的风险为外汇应收款的风险，我们怎么办？好办。

附录二 衍生金融工具的主要类别和用途

我们的公司可以买进一个看跌期权。有兴趣的读者,可以自己画一画损益图。

由此看来,在我国的外汇市场,今后还需要发展人民币对外币的期权交易。

不仅远期、期货和期权可以用来保值,互换交易同样可以用来保值。利率互换可以对利率风险实行保值,货币互换可以对汇率风险实行保值。随着我们对后面章节所进行的分析,这一点会显得越来越清楚。

二、投机

投机(Speculation)是衍生金融工具的孪生兄弟。由于衍生金融工具的重要特征是今天固定今后的价格,这种特征使经营者消除和减少了价格变化造成的不确定性。然而,这里不可避免地存在着投机的可能性,因为今天所固定的今后价格,和今后现货市场上的现货价格,并不一定是一样的。由此看来,人们便可以利用衍生金融工具进行投机了。

我们首先看 看远期交易的投机。远期交易有多头远期交易和空头远期交易。

多头远期交易的损益图形与前面的附图11完全一样。假定人民币对美元的远期价格为1美元等于8.00元人民币,远期到期时,市场上的即期汇率为1美元等于8.50元人民币。多头远期交易的投机者便可使每1美元的远期交易获利0.50元人民币。

多头远期交易的损益图与附图10一模一样。假定人民币对美元的远期汇率仍然为1美元等于8.00元人民币,远期交易到期时,如果人民币汇率为1美元等于7.50元人民币,那么,空头远期交易的投机者在每1美元的交易额上便可赚取0.50元人民币。

无论是多头远期交易者,还是空头远期交易者,看对了,盈利;看错了,亏损。

我国是实行外汇管制的国家,人民币在资本项目下还没有自由兑换。尽管目前我国正在进行远期结售汇的试点,但这种试点

原来中国会计就是世界领跑者

仅限于具有正常贸易背景的保值,而严禁投机。这一点,与国际金融市场的做法是有一定差别的。

我们再来看期货交易。我们知道,期货交易也可划分为多头期货交易和空头期货交易。

我们先以多头期货交易为例。如果多头期货交易者持有期货头寸一直到到期日交割,交易者的损益情况便取决于成交时确定的期货价格与到期时的现货价格的比较。到期时的现货价格高于成交时的期货价格,投机者便可获利;反之受损。

如果多头期货交易者在到期之前通过反向操作终止头寸,投机者的盈亏便取决于买价与卖价之间的差价。

空头期货交易者的盈亏情况则正好与多头期货交易者的情况相反。多头交易表现为盈时,空头交易者正好表现为亏;反之,多头交易者表现为亏时,空头交易者则表现为盈。所以,像远期交易一样,期货交易也是一种零和交易。

期权的投机交易有许多不同的类别,我们在这里仅介绍四种最基本的情况。

我们知道,期权有看涨期权和看跌期权,我们还知道,期权有买方和卖方。按照交易者和期权类别来划分,我们可得到四种最基本的类别(附表 1):

附表 1

交易者 \ 期权类别	看 涨 期 权	看 跌 期 权
买方 卖方	买入看涨期权 卖出看涨期权	买入看跌期权 卖出看跌期权

我们已将期权投机的四种基本图形描绘在附图 3、附图 4、附图 5 和附图 6 中。

三、价格发现(Price Discovery)

以远期交易和期货交易为例。我们知道,远期价格和期货价

附录二 衍生金融工具的主要类别和用途

格反映了市场上的供求者对将来价格的预期。因此,人们可以直接通过远期价格和期货价格来分析现货价格的走势。这便使很多人大大节省了对将来价格进行预测的成本。

我们再看期权市场,尽管期权市场并不直接反映人们对将来价格的预期,但是期权价格的变化,反映了人们对将来价格波动率的预期,即反映了人们对现货资产价格风险的预期。

第三节 衍生金融工具在我国的前景

我们说,衍生金融工具在我国的发展,将有着广阔的前景,这是因为衍生金融工具是市场经济的必然选择。

市场经济的一个重要特征是通过价格的变化来进行资源的配置。当经济社会中缺少某种人们所需要的商品和服务时,这种商品和服务的价格则会上升。当其价格上升时,供给者会增加,而需求者会减少。社会资源对这种商品和服务的配置会使价格相应地发生变化。

价格的变化,一方面配置了社会资源;另一方面又增加了生产经营者的不确定性。换言之,给他们带来了价格风险。对于某种商品和服务的供给者来说,价格的变化,有可能减少他的收入,对于需求者来说,价格的变化有可能增加他的成本。

从理论上讲,衍生金融工具的出现正是为了解决这种价格变化所引起的不确定性问题。因为所有的衍生金融工具都有一个共同的特点,那就是在现在便预先确定某种资产今后进行交割的价格和数量。远期交易是这样,期货交易是这样,期权交易和互换交易同样如此。

既然所有的衍生金融工具都有这种保值的特点和功能,为什么市场上需要这么多的衍生金融工具呢?而不是有一种就足够了呢?这是因为各种衍生金融工具都有着自己独具的特点,因此,在对付价格风险的过程中,可以发挥自己独特的作用。

原来中国会计就是世界领跑者

我们先说远期交易吧。简单地说,远期交易是一种场外交易。场外交易的最大特点是灵活方便。所有的交易条件都可以由买卖双方自由协商。

我们再说期货交易。期货交易是一种场内交易。所谓"场内交易"指的是交易所的标准合约交易。期货交易是在有组织的市场进行的交易。由于期货市场具有保证金、逐日盯市、清算等运行机制,因此期货交易所进行交易的信用风险要比场外交易小得多。但与场外交易的远期交易相比,期货交易的交易成本要高些。

远期和期货都是一种责任,即交易双方一旦签订了合约,必须履约。即使日后价格的变化与自己所预测的相反从而带来不利的影响,也必须履约;否则,作违约处理。但是,期权交易则不然。期权交易对持有者来说,是一种权利,而不是一种责任,持有者愿意行使这种权利便行使,不愿意行使则放弃。相比较而言,期权的持有者要比远期和期货的持有者自由得多。然而,这种"自由"也是有代价的,这种代价就是期权费。

远期交易、期货交易和期权交易主要对付期限较短和相对单一的价格风险。如果经营者面对期限较长和多重的价格风险,他们该怎么办呢?互换交易便是一种有效地管理这种风险的选择。

随着我们的深入学习,我们将会发现,各种混合衍生金融工具在对付风险方面,都会有着自己特定的作用。

我国目前正处于经济转轨时期,社会主义市场经济是我们的必然选择,这便决定了衍生金融市场的发展是我们的必然选择。而各种衍生金融工具在对付价格风险方面的独特作用,又决定了衍生金融工具的多元化将也是我们的必然选择。

正因为如此,全面系统和深入地研究衍生金融市场和衍生金融工具,对我国的经济发展和金融改革,具有十分重要的理论意义和现实意义。

附录三
论会计的社会性与技术性

汪一凡

在会计学科的理论建设中①,也许最令人困惑的,就是能否建立一套首尾一致的理论结构的问题了。会计实务中存在着大量难以自圆其说的矛盾现象:我们可以大谈特谈历史成本原则的重要性,但到了后来,又不得不介绍"成本与市价孰低"的计价方法;当我们推崇某一个国家的会计惯例时,却同时发现它不适用于另一个国家;某种会计方法也许在理论上无懈可击,可惜在实务中不受青睐,而似乎不合理性的做法偏偏大行其道,广为流传……对这种种现象,确实难以有圆满的、前后一致的理论解释。古往今来,会计学者们就各种问题争论不休,提出各种各样的理想方案,其中能取得共识并广泛付诸实施者寥寥,会计实务依然我行我素。在世界范围来看更是如此,各国的会计惯例之不一致随处可见,理论上也难有圆满精当的说明。

我们的两难困境在于,如果采用规范性的理论方法,不理会实务中的种种不协调,纯理性地推导出统一的理论框架,作为实务应遵循的基准,虽则高雅潇洒,却有要行星沿我们为其设定的轨道运行之嫌。须知实务同样可以不理会你,而永远与实践脱节的理论

---

① 本文原载于《葛家澍教授、余绪缨教授从教五十周年论文集——广义管理会计研究》,厦门大学出版社 1995 年 8 月第 1 版,第 166—178 页。

原来中国会计就是世界领跑者

是难说有生命力的;如果用描述性的理论方法,就事论事地逐一解释个别现象,那就难免有多少现象,便有多少种说明或"理论"。此类"理论"同样前后矛盾,归根结底还是罗列现象,并非涉及本质的认识,从科学研究的角度看尚属"低层次"理论。

这种状况,西方会计学者也注意到了,著名的国际会计学家乔伊和米勒认为①:

把会计认为是一门以商业的日常实际业务为基础的独立学科。这就意味着:首先,很难建立一套严密的完整的概念结构。例如,在美国,经过 1938 年的桑德斯、哈德费尔特和穆尔的研究以及美国注册执业会计师协会的会计程序委员会和会计原则委员会的长期艰苦的努力,在这方面仍没有什么成就。目前,财务会计准则委员会正在概念结构项目上碰运气。其次,在本学科缺乏全面的概念结构的情况下,唯一可行的方法是逐步演进和建立会计准则的零敲碎打的方法。在独立学科的指导思想下,各别会计准则或原则必须满足对企业切实有用的条件,因此,必须回溯到有关的业已证实的商业惯例。在这一方法下,各别会计准则和原则之间的相互关系和一致性仅仅是次要的,因为一般的商业社会看来不会去关心像单一概念结构这样的理论精确性。

但是,一般的商业社会尽可以不去关心会计的单一概念结构问题,以研究会计为业的学界却不能避而不谈,理论的吸引人之处就在于"解释"和"预测",解释现状尚难,遑论预测未来?在经济学科中因属"微观"已显琐屑的会计学倘若再加上理论的"低层次",更复有何颜立于世界学术之林!因此,即便是说不清楚,对于为什么说不清也该有个"说法"。

这个"说法"其实早已有之:会计是具有双重属性的。

---

① 转引自 F·D·S 乔伊,G·G·米勒著,常勋等译:《国际会计》,立信会计图书用品社 1988 年,第 52—53 页。

附录三　论会计的社会性与技术性

关于会计同时兼有两种性质,即社会性和技术性的看法本身并无新意可言。例如,早在1963年,中国财政经济出版社的《会计原理》一书就指出:"在阶级社会里会计不但有一定的技术性,而且还有阶级性。"本章的特点在于以时代的观点对这两种属性加以分析描述,并试图在一个框架中将两者整合起来,以反映其相互关系和相互作用,从而能解释我们所面对的某些尚难回答的问题,描述当前的研究状况,预测今后的发展方向。

会计的社会性主要源于会计与它所反映的各有关利益集团之间客观存在的利害关系及利益冲突的牵连。仔细地考察收益表,特别是增值表,不难看出报表中体现了公司增值的财富,由投资者,债权人,政府和公司雇员构成的"四马分肥"格局。会计处理模式和会计方法的某些变化,例如存货计价由先进先出法改为后进先出法,历史成本模式改为现行成本模式等,都难免引起报表数据的变化,从而打破原有利益分配格局的平衡,导致的是财富的重新分配。而这一问题之敏感,冠以"阶级性"或者"政治性"实在并不为过。当然,从当前研究的深度和广度看,"阶级性"一词尚有其局限性,不足以说明其他因素诸如人类行为、社会文化、历史传统和民族心理等对会计的影响,鉴于此,笔者选用较为通用的概念——"社会性",其过于中庸之处也就无法顾及了。

会计的技术性同样很明显,会计中历史最久远的财务会计循环就是周而复始的数据处理过程。近几十年来,随着会计的数据处理引入电子计算机和数据库技术,随着会计的另一个分支——管理会计广泛吸收数学、工程学、决策分析等多学科成果,这一属性更是不言而喻的。

开宗明义地说,会计所涉及的这两大属性并不是平行的,而是表现为明显的主从关系。社会性占主导地位,它决定了会计该"做什么",而技术性大致与"怎么做"有关;技术性只表明会计有"能力"做什么,社会性才决定会计被"允许"做什么。更为重要的是,如前所述,会计之所以该"做什么",取决于各种利益集团和其他各

原来中国会计就是世界领跑者

种影响因素的力量平衡,除了与企业有关的利益集团外,各种影响集团还包括立法机构、证券市场管理机构、管理职业界、会计职业界、会计理论界、企业内部员工和企业所在社区的社会公众,等等。从国际上看,一国会计发展的历史传统、国家与民族的社会文化特点等又通过这些由自然人组成的集团的影响力而体现出来。因此,这种平衡的达到实在可说是一个复杂难解的过程。

在财务会计领域,社会性对技术性的统驭关系集中表现在"公认会计原则"的制定(或"会计制度"的制定)上。由于某一会计程序或会计方法的采纳、废除或修订均可能改变财务报表数据,从而对某些利益集团产生有利的或不利的影响,它要受到支持或招致批评也就在所难免。以美国的情况为例,早期的"公认会计原则"的制定机构"会计程序委员会"(CAP)和"会计原则委员会"(APB)均因不断地受到批评而中止工作。笔者分析,后来居上的"财务会计准则委员会"(FASB)之所以略显高明,在于它对每一份"财务会计准则公告"的制定沿用了美国的立法惯例——"正当程序"(due process),其大致的步骤是[①]:

(1) FASB 确定应予以考虑的议题。

(2) 成立专题性技术研究小组,在与会计界和工商界交流联系的基础上,编写有关议题的讨论备忘录(DM)。

(3) 发表讨论备忘录,给予 60 天时间(或更多)征求评论。

(4) 举行公众听证会,邀请各界代表就讨论备忘录进行质询或争论。

(5) FASB 在书面评论和听证会基础上编制财务会计准则"公布草案"即"征求意见稿"。

(6) 公开发表公布草案,在 30 天内征询意见。

(7) 举行第二次公众听证会讨论公布草案。

[①] 转引自葛家澍、林志军主编:《现代西方财务会计理论》,厦门大学出版社 1990 年,第 47 页。

(8) 完成上述各项步骤后,根据实践情况进行决策:
   A. 正式发表"财务会计准则公告"(SFAS);
   B. 继续修改公布草案;
   C. 完全放弃该项议题。

以上过程实质上是各种社会集团表达其支持或反对的意见,提出修正案,施加其影响,并达到相对平衡的过程。这个问题处理好了,公认会计原则就能大体上得到贯彻,否则仍难免遭到批评乃至否定。FASB于1977年发表的第19号财务准则公告因有关方面强烈反对,仅过了8个月便被证券交易委员会(SEC)宣布无效,就是一个典型的反例。

概括地说,作为会计社会性的表现,各有关利益集团(或影响集团)的要求集中反映到公认会计原则的制定过程中,达到一定程度的平衡,继而通过公认会计原则传递到财务会计的技术性处理上,对财务会计的数据处理起规范或限制的作用。此时,有关财务会计技术面的研究只能是一种"遵命会计"。以存货计价为例,从技术上说,可以提出具体辨认法、加权平均法、先进先出法和后进先出法等各种可行的方法,但实务中是否允许采用某一种或几种方法,则完全是由公认会计原则所决定的。

在此,有必要提及理论研究的作用问题。在上述所有的集团中,会计理论界当然也起到其应有的作用。例如,美国会计学会(AAA)长期以来致力于重大会计问题的理论研究,它发表的一些报告,如《公司会计准则导论》(*An Introduction to Corporate Accounting Standards*)和《基本会计理论说明书》(*A Statement of Basic Accounting Theory*)等均为传世之作,对推动公认会计原则的发展有深远的影响;美国财务会计准则委员会(FASB)关于财务会计概念结构的研究也极大地加强了制定公认会计原则的理论基础。但是,无论作何努力,理论与实务之间总是存在(而且看来会长期存在)不协调和不一致。关键在于,各种利益集团之间达到的平衡,在不同的历史阶段和不同的国度是不相同的,并且有时

原来中国会计就是世界领跑者

是和理性选择的结果不相一致的,这就导致了我们在试图对会计实务作"理性说明"时的种种困惑。

遗憾的是,迄今为止,会计职业界在政府干预时期走过的历程,已经证实不是十分有益的。会计职业界在认识或探讨它建议的会计准则的广泛经济影响中,表现得十分迟钝。看来,它很少能在事先认识到它的决定的不可避免的政治性质,即其中涉及敌对集团间利害关系的冲突。好像,他们已经被能够找到一套"将能取悦于各方,满足所有使用者的需求,并且是客观的、公正的、相关的,对于管理当局或审计人员也不会不方便的"会计准则的幻想所迷惑。("会计准则和职业的七个发展阶段")①

面对势均力敌的各相关利益集团之间的冲突,谨慎和理性不在于寻求最终答案,而在于折中——本质上是政治过程。②

理论这东西有点像直线,可以弯曲。实际上,利害当事人不是常常把它加以弯曲吗?但谁把它弯曲,谁就有论证的责任……并且,试图把理论付诸实践的学者愿望和利用该理论得到好处的当事人的愿望相吻合的现象也是屡见不鲜。正因为如此,理论和实务的互相结合,互相妥协,就成为美国会计发展的重要因素之一。③

以上所引的三段评论已经入木三分地指明了理论研究在公认会计原则制定中的地位与作用。在一些环境下,理性和占主流的利益集团的愿望一致,我们便能用理论很好地解释或说明实务;另一些环境下,不同的利益集团相持不下(往往表现为公认会计原则允许实务处理中有两个或两个以上的选择项),我们在解释或说明时也只好模棱两可;还有一些环境下,理性与占主流的利益集团愿望

---

① 转引自 F・D・S 乔伊,G・G・米勒著,常勋等译:《国际会计》,立信会计图书用品社 1988 年,第 25 页。

② 原载 The Accounting Review(July 1973),p. 481,转引自厦门大学于增彪博士学位论文《行为会计基础研究》,打印本。

③ 转引自井尻雄士著,李柱锡摘译:《美国会计发展的新动向》,刊于《会计学刊》1986 年第 3 期,第 134 页。

附录三 论会计的社会性与技术性

相违背,理论界中人对此类实务现象或避而不谈,或虽言之而前后矛盾,或干脆为之论证,创立某种"理论",成为这些利益集团的"辩护士"或"卫道士"。而一旦时过境迁,原有的平衡被打破,新的平衡产生后,又该是修订公认会计原则和相应"理论"的时候了。很明显,在实实在在的经济利益面前,理性的说服力有时是苍白虚弱的。从这个角度看,一套首尾一致的、严密的、能够指导和规范实务,并且相对稳定的财务会计概念结构似乎只能存在于地平线上。

就管理会计领域来看,也有类似的情况。著名的美国未来学家阿尔温·托夫勒一针见血地指出:

在一个官僚机构中,各项决定应该根据客观情况作出,不受个人意志和主观支配。可是我们看到的事实却是,公司的重大决策往往要经过一番互相冲突的权力斗争才能作出,而非像教科书上所描述的那样,是人们平心静气靠纯洁的理性作出的。[①]

这是因为企业内部同样存在着高级管理层、中级管理层、低级管理层和下属员工等人际关系,计划的制订和控制、业绩的计量和考核等等也不可能是纯理性的,必须在行为科学研究成果的指导下,充分考虑人类行为的特点。从而,折中,妥协等有时也就在所难免,"社会性"又体现了比"技术性"更高的优先权。

应该说,对会计社会性的研究与对技术性的研究,在方法上是有很大差别的。行文至此,解决问题的思路也产生了:既然"噪音"源于会计的社会性,在学术研究上运用抽象力,分而治之,使会计的"社会性"研究与"技术性"研究平行发展,划分为会计的"社会学派"和"技术学派",也许反倒是有好处的,以下试述一二。

就会计的社会性研究而言,其主要目的在于从社会观的角度说明会计的当前状况,预见会计的发展趋势。而如前所述,围

---

① 转引自阿尔温·托夫勒,刘江等译:《权力的转移》,中共中央党校出版社1991年,第200—201页。

原来中国会计就是世界领跑者

绕会计的发展,存在着一系列难以定量并且不断变化的影响因素。因此,不可能经过严格的逻辑推理得到结论,代表这一方面研究最高境界的,当依靠一种"哲人"式的悟性,于混沌中通过各种迹象中看到最具代表性的状态或趋势,并昭示天下。当然,这种学问并不是人人都做得到的,一般的玩家只能提出大而无当的设想,流于不负责任的空谈。考察研究者功力的标准,在于其思辨的感染力,所言是否人们"心中所有,笔下所无"。最终的证伪方法则在于是否料事如神;作为这一层次研究的基础的,是一些分别从不同角度作较精密分析的,专题性的会计分支学科,举其要者如:

会计思想史。会计思想史的研究着重于从纵向,沿时间序列来考察会计思想的变化和发展,积累和延续,并总结其基本规律和重大特点,有着"古为今用"的现实意义。

比较会计学。国际比较会计的研究则是从横向,对分属于两个或两个以上文化环境的会计现象及其思想进行比较分析,探讨引起同样现象的"相同的原因"和导致差异的"不同的原因",认识文化差异对会计的影响,体会本国会计现象和会计思想的特点,从而更深刻地认识会计的本质属性和发展规律。

行为会计学。行为会计是行为科学在会计中的应用,它将会计信息或会计问题与相关的人类行为联系起来,考察人类行为对会计信息系统的设计、建立和使用的影响,也试图说明、解释和预测会计信息所触发的人类行为的潜在规律性。

真正有意义的会计社会性研究是有一定的时空范围限制的,即便是比较研究也应当服从于为某一国所用的目的性。这是因为,各种影响因素所构成的组合随时空而变化,超脱于这一环境的研究结论自然不可能有重大的指导意义。从而,越是民族的,"土得掉渣"的,才越是世界性的研究。同样的道理,国际会计准则由于不是经过各种利益集团在意地"平衡"的结果,笔者以为其主要作用只是为各国会计准则的指定提供了良好的参

附录三 论会计的社会性与技术性

考文本。

会计的技术性研究则主要围绕会计的数据处理过程而展开。从技术属性上看,会计表现为一种关于"数据分类"的技艺,财务会计的会计循环也好,管理会计的各种成本概念和数学模型也好,都是围绕着对一系列代表某种"类别"的数值及其相互关系和总合结构的研究来进行的,而这些分类的数值又是对活生生的经济现实的观念总结。有趣的是,一旦摆脱了解释会计实务"为什么要这样而不那样"的义务,将此归入社会性研究的范围后,纯技术性研究领域立刻表现出高度的理论统一性。

作为一门独立的学科,会计有别于其他学科的最重要特征,当推它的"以货币为计量单位"。在商品经济中,除了"义务劳动"等义举外,任一机构的活动没有不涉及钱财的耗费或价值的转换的,以这一统一的"量纲"为依托,会计也就有了极为宽阔的视野和覆盖面。以财务会计为例,它仅仅通过"资产"、"负债"、"收入"、"费用"和"业主权"五大类账户,便足可以从动态和静态两方面描述所有机构的经济活动,从高层的财政部到基层的环境卫生管理所,从高技术的 IBM 公司到低知识含量的小酒店,概莫能外,体现了简单统一的美,这是何等"高层次"的理论概括!

技术面研究的范围并不仅仅局限于目前已趋于稳定成熟的财务会计循环,其成果也远远不只达到如此高度而已。

1969 年,在将计算机引入会计领域的时代背景下,以 G·H·索特为首倡者,产生了一个"事件会计"学派(Events Accounting Approach),会计理论述评文献一般都将此学说作为研究方法之一加以介绍,未作特别注意。在我国,因其提出之时正逢闭关锁国之日,有关资料大多未流入国内,故一直不为国内会计学界所重视。这一学说的主要论点是,会计反映的是关于"相关的经济事件的信息",与决策相关的事件的信息应尽可能以其原始的形式保存,便于使用者总有未加权的原始数据可用,根据自己的需要各自进行处理。① 这就从数据处理的角度提出了如何看会计的大课题。依本书作者之见,该学说正是典型的技术学派,其理论贡献可归纳如下:

(1) 尽管传统的会计理论也提及会计是针对交易的数据处理,但由于过分注重处理过程及处理结果,对作为其源头的交易或业务反倒视而不见,未作为一个专题范畴来加以研究,而往往是就事论事地描述处理过程,事件会计将着重点放到"事件"本身上,起了正本清源的作用。

(2) 事件会计学说震耳发聩地拓宽了传统会计理论的视野,指明会计的扩展空间。"事件"是一个既实又虚的概念,它不仅可代表诸如"汇出款项"、"收到商品"之类的真真切切的业务,也可以涵盖诸如"签订供货合同"、"预期的未来行动"之类尚未实施的潜在交易,但所有这些都是对企业的经营管理有用的信息,都在事件会计的范围之内,也并不因为是否被列入财务报表而有损其重要性。相形之下,美国财务会计准则委员会的第 5 号财务会计准则公告《企业财务报表的确认与计量》(*Recognition and Measurement in Financial Statements of Business Enterprises*)中提及的确认标准和原则,只不过是根据一定时空内达到平衡的社会性要求,"从筐里往篮里挑菜"的行为而已,经过确认而进入财务会计处理循环的"事件"只是事件会计视野中的一部分。事件会计的思想,为财务会计的反映范围留有充分的扩展空间。可以说,财务会计中,对期汇合同的会计处理就表明了财务会计对事件的取舍范围正在扩展的一种趋势;

(3) 在"会计是一个信息系统"的前提下,事件会计有望统一会计数据处理理论。作为信息系统,只有其加工处理对象才有可能贯穿从输入到输出的全过程;而根据对理论体系逻辑起点的一

---

① 参见 G. H. Sorter,"An Events Approach to Basic Accounting Theory","The Accounting Review (January 1969)",pp. 12—19。

附录三 论会计的社会性与技术性

般要求,它必须是对象的最简单、最基本的本质规定,成为构成这一体系的基本单位,并且包含对象发展全过程的矛盾,会计的纯技术性理论体系的起点也就非"事件"莫属了。索氏文章发表后,因该学说理论覆盖面宽的特点,即引起广泛的反响。从1970年起,权威的美国《会计评论》上登载的有关这一专题的论文多注重于"统一的"(unified)或"多维的"(multidimensional)会计理论方法或会计系统问题。如1971年,柯南托尼等人提出,可以用特征的有限集来完全地描述一个经济事件,全部事件可以用特征的完备集来表示,会计系统则可围绕着由事件说明组成的数据库而构建。[1]

(4) 事件会计认为在数据处理中"低度加总而不是高度加总才是适宜的……以便让使用者也总有未加权的原始数据可用。"根据事件会计的思想,"未加权的原始数据"方式才是以数据为中心的,独立于应用程序的先进的数据库方式。因此,事件会计的思想可望适用于自动数据处理环境中,作为管理信息系统(MIS)和会计信息系统(AIS)设计开发的理论基础,有助于最大限度地利用电子计算机和数据库技术的强大功能。

与会计的社会性研究不同,技术性研究成果从一开始就是世界性的。近几十年来,电子计算机的发展既对会计的技术性研究带来机会,更产生了压力。从总体上说,已有500多年历史的,在手工基础上发展起来的会计理论方法与计算机的要求差距很大,简单地以计算机"复制手工系统"是没有出路的,我们面临的两大课题是会计"如何更好地适应计算机"以及"如何更好地利用计算机",解决了这两个问题,电子计算机将以其强大的能力回报面目全新的会计模式。

综上所述,长期以来,传统的会计理论研究是将其社会性与技

---

[1] 参见 C. S. Colantoni, R. P. Manes and A. Whinston, "A Unified Approach to the Theory of Accounting and Information Systems", "The Accounting Review(January 1971)", pp. 90—102.

原来中国会计就是世界领跑者

术性研究混为一体,而社会性研究又将与会计有关的各种利益集团之间冲突的"噪音"不断引入这一体系中来,以致会计无理论体系可言。明确认识这一点,分而治之,社会性研究侧重于会计的外部环境,技术性研究注重于会计系统的内部构造,前者向后者提出课题的要求,后者为前者提供方法手段,两者均可不受约束地各自发展,会计系统设计则是一定时空状态下两方面研究成果的综合应用,一个清晰的会计理论体系框架也就形成了。